남들보다 꾸준히

자신을 믿고 묵묵히

앞을 향해 나아가시길 바랍니다.

뭔 말인지 알지?

자의선

윤현장

나는 장사의 신이다

나는 장사의 신은현장이다

일단 돈을 진짜 많이 벌어봐라
세상이 달라진다!

RISE

프롤로그

辛

나는 돈을 진짜 미치도록 벌고 싶었다.

어린 시절 우리 가족은 지하 단칸방에 살았다. 어머니는 수선집을 하셨고, 아버지는 얼음 장사를 하셨다. 내가 열 살도 안 됐을 때의 기억이 생생하다. 어머니에게 옷을 왜 이따위로 줄이냐고 호통을 쳤던 아줌마. 그리고 그런 아줌마에게 죄송하다며 거듭 사과를 하던 어머니. 수선집

미싱기 옆에 마련되어있던 간이침대에서 매일 잠을 잤고, 그 때문에 매일매일 허리가 아팠던 기억이 있다.

얼음을 납품하러 가는 아버지를 따라서 유흥주점에 들어갔다. 아버지보다 훨씬 어려 보이는 사람이 얼음 상태를 체크하며 아버지에게 무례하게 얘기를 했던 적이 있다. 하지만 아버지는 '거래처니까'라는 생각으로 어쩔 수 없이 웃으며 그 사람을 대했고, 나는 그런 아버지의 모습을 묵묵히 지켜볼 수밖에 없었다. 내게는 아무런 힘도 없었고, 돈도 없었으니까. 그래서 나는 더더욱 돈을 많이 벌고 싶었다.

흔히들 생각하는 부자의 기준은 사람마다 다르겠지만, 지금의 나는 대부분이 인정하는 부자다. 이십 대에 시작한 프랜차이즈 사업을 200억 원에 매각했으며, 그 외에 모아놓은 돈도 꽤 있다. 즉, 더는 '먹고살 걱정'은 평생 하지 않아도 된다는 말이다. 하지만 이렇게 되기까지 내가 지나온 여정은 파란만장했다.

나는 중학생 때부터 지금까지 이십 년간 쉼 없이 달

려왔다. 내 목표를 실현하기 위해 쓰리잡three job 생활은 기본이었으며, 내 가게를 오픈하고 나서는 단 한 번도 쉰 적이 없다. 어찌 보면 효율성과는 거리가 먼 삶을 살았다. 내가 들인 대가와 노력만큼 그 결과를 얻을 수 있었으니까. 그렇게 내 목표를 위해 온몸으로 버티다 보니 막상 경제적 자유를 누리는 지금에 와선 몸이 탈 나고 쑤셔서 병원을 꾸준히 다니고 있다.

그러나 누군가가 "그럼 적당히 일하고, 적당히 벌어서 사는 게 낫지 않나요? 그렇게 몸이 상할 정도로 일을 해야 하나요?"라고 묻는다면, 나는 이렇게 말하고 싶다.

일단 돈을 진짜 많이 벌어봐라. 세상이 달라진다.

어린 시절, 어머니와 아버지는 돈 때문에 누군가에게 고개를 숙였고, 돈 때문에 자주 싸우셨다. 하지만 지금의 나는 돈 덕분에 누군가에게 고개를 숙일 일도 전혀 없고, 돈 덕분에 누군가와 싸울 일도 전혀 없다. 언제라도 내가 하고 싶은 일을 하면 되고, 어디로든 떠날 자유가 있다.

또한, 시간이 있고, 돈도 있고, 그때 배웠던 나만의 노하우가 있어서 시간은 있지만 돈이 없고, 아무 노하우도 없는 자영업자들에게 무료로 컨설팅을 해줄 수 있다. 심지어 그들에게 금전적인 지원도 해줄 수 있다. 그리고 내가 힘들었던 시절, 진심 어린 도움을 줬던 사람들에게 그때의 도움에 열 배, 아니 백 배로 보답해줄 수 있다. 나에게는 작은 성의지만, 누군가에게는 엄청나게 큰 도움이라는 걸 잘 알고 있다.

'돈을 좇지 마라. 적당히 즐기면서 살아라. 그냥 공부해서 대학 가고, 취직해서 평범하게 살아라'라는 말을 항상 듣고 자라왔다. 그러나 나는 중학생 때부터 내가 공부에 재능이 없다는 걸 알았다. 그때부터 돈을 좇으며 죽을 만큼 열심히 살아왔다. 그 결과, 삼십 대에 경제적 자유를 얻었다. 그리고 지금의 나는 내가 원하는 일을 하며 행복하게 살고 있다. 앞으로도 자영업자들을 위한 무료 컨설팅은 계속할 것이다.

못 하는 건 정신 승리고, 안 하는 건 멋이다.

나 역시 지금 당장이라도 골프를 치러 다닐 수 있고, 좋은 차를 뽑고, 명품 옷을 입고 다니면서 비싼 음식점에 갈 수 있다. 하지만 그런 건 나와 안 맞다. 아직도 나는 추리닝을 입는 게 좋고, 차보다는 오토바이를 타고 다니며, 여전히 몸을 쓰면서 장사하는 게 편하다. 그리고 열정이 있고 성실하지만, 장사 스킬이 없는 사람들을 도와줘서 그 사람들의 매출이 오르고, 그들의 삶이 바빠질 때 나도 함께 행복하다.

어렸을 때는 열심히 공부해야지만 성공한다고 생각했는데, 막상 내가 살아오면서 알게 된 건 성공하는 방법은 공부 말고도 굉장히 다양하다. 나는 다른 사람이 내게 하는 말들을 따르지 않고, 내가 원하는 길을 존나게 달려왔다. 어떤 목표가 있느냐가 어떠한 인생을 살아갈지 결정한다. 나는 돈을 많이 벌기 위해 하루하루 나 자신을 밀어붙이면서 배달을 하고, 장사에 대한 꿈을 키웠던 게 내 인생에서 최고의 선택이었다.

내 책의 독자들은 다양하겠지만, 이 점을 꼭 밝히고 싶다. 만약 내 책을 학생들이 읽는다면 성공을 할 수 있는 다양한 방법을 생각해볼 수 있는 계기가 되었으면 좋겠다. 반대로 학생을 둔 학부모들이 읽는다면 자식들에게 공부에 대한 무조건적 압박보다는, 자식들이 잘하고 좋아하는 것들을 스스로 찾아내고, 그 재능을 발견할 수 있는 시간적인 여유를 줬으면 한다.

당연히 이 책을 읽는다고 여러분이 한순간에 벼락부자가 된다거나 엄청난 '장사의 신'이 될 수는 없다. 그런 재능을 가진 사람이라면 이 책을 읽을 시간도 없이 바쁘겠거니와 천부적인 재능으로 이미 다른 것들을 하고 있을 테니까.

하지만 여러분이 적어도 이 책을 읽으며 '저 사람도 했는데, 나라고 못 할 게 뭐냐?'라는 스스로에 대한 근거 없는 자신감을 가졌으면 좋겠다. 그리고 그 자신감을 토대로 '나도 한 번쯤 성공해보자'라는 다짐으로 자기 삶을 열심히 살아갈 수 있으면 좋겠다. 부디 그 원동력을 이 책에서 찾아내길 바란다.

삼십 년 전, 미싱기 옆에서 매일 쭈그려 잠들었던 소년은 이젠 아무 대가 없이 누군가의 성공을 도와주고, 응원해주며 행복한 시간을 보내고 있다. 내 몸이 하나라 모두를 만날 수 없는 탓에 이렇게 책을 통해 간접적으로나마 내가 살아온 인생과 전하고 싶은 메시지, 내 삶의 가치관을 남긴다. 끝으로 이 책을 읽는 모두에게 성공과 성장이 있기를 진심으로 바란다.

몽 말인지 알지?

은현장

이 책의 판매 인세 수익금은 보육원에 전액 기부됩니다.
보육원 아이들이 꿈을 이루는 데 도움이 되도록
많은 관심과 사랑을 가져주시면 좋겠습니다.

목차

제2장 장사의 기본을 반드시 지켜라

제3장 돈 잘 버는 나만의 장사 노하우

제4장 장사로 새로운 삶을 시작하다

제1장

장사로 경제적 자유를 꿈꾸다

19

辛

01

난생처음 장사를 하기로 결심하다

지하 단칸방에 네 식구가 아등바등 몸을 누이고 살았고, 아버지와 어머니는 일하면서 고객들에게 욕을 먹는 게 일상이었다. 그렇게 힘들게 살면서도 부모님은 내가 열심히 공부하길 바랐다. 아버지가 돈이 없어서 공부를 못했으니까. 그래서 나에게 공부는 늘 스트레스였고, 부모님에게 늘 불만이었다.

'공부해야 성공해', '공부해야 공무원을 하고 사람

구실도 하지.' 어렸을 때부터 이런 말들이 노이로제처럼 내 귀에 박혔었다. 만약에 우리 집이 돈이 많고 잘살았더라면 이런 걱정은 안 했을 텐데.

물론 공무원을 깎아내리려는 의도는 절대 없다. 하지만 당시 공무원 월급은 70~80만 원에 불과했다. 서울의 그럴듯한 대학을 졸업해서 공부를 엄청나게 한 대가 치고는 터무니없이 적은 돈이었다.

그래서 난 이런 생각을 하게 된 거 같다.

'공부해서 될 수 있는 게 공무원이고, 돈을 벌어봤자 겨우 이것밖에 못 벌면, 난 공부 안 하고 대신에 내가 잘할 수 있는 걸 찾겠다.'

그 뒤로 '어떻게 하면 돈을 많이 벌 수 있을까'란 질문을 나에게 했다. 중학교 이후로 한순간도 이 질문을 안 한 날이 없었다. 그리고 그 해답을 찾기 위해서 자주 집을 나갔다. 집에서는 일이 아닌 공부하기를 원했으니까. 그때는 하루에 20시간씩 일을 했다. 주유소에서 일한 뒤에 칼국수집에서 일하고, 또 그다음에는 중국집 배달을 했다.

가끔 집에 들어가면 부모님은 고객들에게 욕을 먹었다. 어머니는 수선집을 했는데, 수선 기준은 철저히 고객에게 있었다. 옷을 아무리 잘 수선해도 고객의 마음에 안 들면 그 수선은 실패한 거니까. 그렇게 자신보다 한참 어린 진상 고객들에게도 '죄송합니다'라고 고개 숙이는 게 어머니가 할 수 있는 전부였다.

아버지는 얼음 장사를 하셨는데, 얼음을 유흥업소에 가져다주면 매번 50원이나 100원을 깎아달라는 말을 들었다. 그런데 그렇게 깎아놓고는 그 돈마저 주지 않았다. 우리는 어쩔 수 없는 '을'이었고, 그 사람들의 갑질에 당할 수밖에 없었다.

어린 나이부터 부모님의 이런 모습을 눈앞에서 봤던 나는 뼈저리게 느꼈다. 돈을 '정말 많이' 벌어야겠다고. 그리고 '무조건 돈을 벌어서 저 사람들에게 복수해야지'라고 다짐했다. 부모님은 잘못한 게 없었다. 옷을 줄여달라는 대로 줄여줬고, 얼음도 가져다 달라고 할 때 갖다

줬다. 하지만 부모님의 노력도 상대방이 마음에 안 들면 다 소용없는 일이었다.

이런 상황 속에서도 부모님은 매번 내게 '공부'를 강조하셨다. 집에 있으면 내가 책 한 권을 다 보기 전까지 옆을 지키며 감시하셨고 검사까지 하셨다. 하지만 나는 공부와 잘 맞지 않았다. 이렇게 공부해서 될 수 있는 가장 좋은 미래가 고작해야 공무원이라니. 가난과 절망감에 미래를 꿈꿀 수 없던 삶을 살던 그 시절, 내 눈에 뭔가가 보이기 시작했다.

그리고 직감적으로 이런 생각이 들었다.

'내가 할 일을 지금 하느냐, 나중으로 미루느냐가 결국 내 미래를 결정한다.'

부자의 삶은 보통 사람들보다 훨씬 자유롭다.
우리가 부자가 되려는 이유는 자유를 살 수 있기 때문이다. 부자가 되면 인생에서 큰 제약 없이 자유를 만끽하게 된다.
부자는 자신이 그린 대로 삶을 살 수 있다!

23

辛

02

한 달에 천만 원 벌던 중국집 사장님

외식이라고는 생각도 할 수 없던 그 시절, 곗날 돈을 받았을 때 들르던 중국집이 있었다. 6개월이나 1년에 한 번 아버지, 어머니와 그 중국집에 갔었는데, 그때마다 사장님이 주방에서 직접 주문을 받으셨다. 겉보기에 사장님은 전혀 부자처럼 보이지 않았다. 입고 있던 유니폼은 낡고 초라했는데 그것도 늘 땀에 젖어있었다.

몇 번씩 그 중국집을 들르며 사장님과 친해졌다. 어

렸던 나는 궁금함을 못 참고 사장님께 돌직구로 질문을 했다.

"사장님, 한 달에 돈은 얼마나 벌어요?"

'기껏 해봐야 80만 원 정도겠지. 보통 공무원도 70~80만 원 버니까'란 생각으로 물어봤는데, 사장님은 의외의 대답을 했다.

"나, 한 달에 천만 원 정도 벌어."

정말 내가 상상도 못 한 액수에 깜짝 놀랐다. 그때 천만 원이면 지금 기준으로는 상상할 수 없는 정도의 금액이었다. 짜장면이 5백 원 할 때니까. '이걸 도대체 몇 그릇을 팔길래 그 정도가 남는 걸까?' 정말 많은 생각이 들었다. 그리고 바로 결심했다. 나도 중국집에서 일하겠다고.

그 중국집에서 일할 수는 없었다. 집 근처에서 일하면 어머니가 찾으러 올 것 같아 집에서 조금 떨어진 옥수동으로 갔다. 그리고 비슷한 매출이 나오는 다른 중국집을 찾아가 사장님에게 자신감 넘치게 말했다.

"사장님, 저도 여기서 일하고 싶어요!"

나를 의아한 눈빛으로 바라보던 사장님은 잠시 생각하시는 듯하더니 "배달 일손이 부족하니 배달을 해봐" 라고 하셨다. 그렇게 나는 중국집에서 '배달 알바'를 시작했다. 처음으로 시작한 중국집 일이 나는 너무 좋았다. 몸이 고되기도 했지만, 고객들과 소통하는 재미도 있었고, 또 단골이 되면 어린애가 고생한다며 용돈을 쥐여주는 분들도 계셨다.

그리고 결정적인 건 바로 식사 시간. 이전에는 부모님과 특별한 날에만 가던 곳이 중국집이었다. 그렇게 가봤자 짜장면만 먹었지, 탕수육은 엄두도 못 냈었다. 그런데 일하면서부터는 식사 시간마다 짜장면과 볶음밥을 먹을 수 있었고, 탕수육과 깐풍기도 먹을 수 있었다. 사실 탕수육과 깐풍기는 고객이 반품한 것이나 주방에서 주문음식을 잘못한 거였지만, 나는 상관없었다.

그렇게 내가 먹고 싶은 걸 마음껏 먹으며 일도 하고, 돈도 벌 수 있다는 게 그렇게 좋았었다. 점점 배달에 익숙해지니까 나중에는 사장님이 계속해서 시급도 올려주셨다. 나도 덩달아 더 잘하고 싶어서 이런저런 방법들을 궁리했다. 그리고 사장님에게 이런 식으로 배달하는 건 어떨지, 이런 식으로 홀 고객을 받는 건 어떨지 제안도 드렸다.

어린 녀석이 당돌하고 버릇없다고 생각할 수도 있었는데, 그때 그 사장님은 참 좋으신 분이라 그런 나의 제안을 관심 있게 들으셨고, 적용할 수 있는 부분들은 적용하셨다.

그런 사장님이니 그렇게 돈을 많이 벌 수 있었다고 생각한다. 장사가 잘 안 되는 집의 공통점은 고집과 신념을 구분하지 못하는 것이다. '이건 이래서 안 돼', '쓸데없는 소리야'라고 생각하면서 '상황이 나아지면 괜찮아지겠지', '고객들이 내 음식 맛의 가치를 몰라주는 거야'라고 믿어버린다. 자기는 신념이라고 생각하겠지만, 사실 그건 고집일 뿐이다. 그럼 그 가게는 결국 망할 수밖에 없다.

어쨌든 그렇게 중국집 배달로 돈을 벌면서 점점 돈에 대한 욕심이 계속 생겼다. 이때부터 나는 공부를 해서 내 미래를 결정하겠다는 생각을 깔끔하게 접었다. 나는 무조건 내가 잘하는 일을 해서 '돈을 많이 벌어야겠다'라고 다짐했다. 그리고 그 방법은 바로 장사였다.

장사는 인생의 스승이다.
지금까지 다양한 경험과 큰 성과를 많이 올렸지만, 내 가게의 음식을 파는 건 매번 힘들었다.
우리나라의 학교에서는 학생들에게 물건을 팔아오라고 시키는 일이 없지만, 선진국에서는 교육적으로 시킨다고 한다. 그런 경험을 하면서 돈과 근로의 가치를 깨닫게 되는 거다.
장사는 현실을 알게 하는 인생의 스승이다!

28

辛

03

알바가 아닌 사장의 마인드로 일하라

옥수동에 있는 중국집에서 일할 때 피자헛 일도 함께 했다. 피자헛에서는 7년 정도 일을 했다. 가장 오래 일한 분야가 요식업이었으니 자연스럽게 요식업에 대해 배울 수 있는 게 많았다. 요식업계 일을 오랫동안 하면서 느꼈던 것 중 가장 큰 것은 '환경'과 '태도'였다.

그때 당시에는 중국집 일은 무조건 숙식이 제공됐다. 그러다 보니 주로 가출한 청소년들이나 사고를 친 어른들이 일했다. 그 사람들은 대부분 돈을 모으지 않았다. 일 끝나면 술, 일 끝나면 나이트, 일 끝나면 단란주점을 가는 생활의 반복이었다.

그때 난 고등학생이었는데 '그냥 따라와!'라고 하면서 몇 번 끌려다녔던 적도 있었다. 그 사람들에게는 특별한 목표가 없었다. 낮에는 몸에 짜장면 다 묻히고, 오토바이 배달통에 그릇 넣고 다니면서도 밤에는 돈을 펑펑 쓰면서 왕 노릇을 하고 있었다.

그 모습이 보기 답답했던 나는 이렇게 물어봤었다.

"아저씨, 돈 좀 모아야 하는 거 아니에요?"

그럼 그들의 대답은 더 답답했다.

"난 이렇게 살다가 죽을 거야. 결혼도 안 할 거고."

내가 중국집에서 일하면서 돈을 벌기 시작하자 내 친구들도 하나둘씩 중국집에서 일하기 시작했다. 나는 중국집에서 일할 때 지각을 한다는 생각 자체를 해본 적이 없다. 솔직히 지각하면 잘리는 줄 알았다. 그런데 어느 순간 보니까 같이 일하는 친구들이 지각해도 사장님은 아무 말도 안 하시는 것이다. 그때 처음으로 이런 생각이 들었다.

'나만 이렇게 20분, 30분씩 일찍 나오는 건가?'

나중에 알게 된 사실이지만, 그 친구들과 내 월급의 액수가 달랐다. 똑같이 일했지만, 나는 10~15만 원씩 더 받고 있었다. 한 번도 지각하지 않는 내 모습을 본 사장님이 더 챙겨주신 게 아닐까 하는 생각을 한다.

당시 내 월급은 130만 원 정도였는데, 공무원들과 비슷한 월급이었다. 그런데 나중에 생각해보니 공무원들은 하루 8시간밖에 일하지 않았지만, 나는 20시간을 일하는 거였다. 일한 시간만큼 번 돈을 따져보면 효율성은 떨어졌지만, 어린 시절의 나는 대학을 나온 사람들보다 내가 더 많이 돈을 번다고 생각했었다.

그때 중국집은 이직률이 너무 높았다. 주방에서 일하는 사람들의 자존심이 워낙 강하다 보니 뭔가가 마음에 안 들면 출근을 안 하기도 하고, 주방에서 담배를 피우기도 했다.

술을 마시고 일하는 경우도 매우 많았고, 사장님이 조금만 잔소리하면 주방장이 보조들과 함께 일을 안 하기도 했었다. 그럼 정말 가게 문을 닫아야 한다. 이것뿐만이 아니었다. 주방에서 음식을 흘리면 그날 마감 청소할 때까지 밟고 다녔다. 난 그게 너무 싫어서 마감 청소 시간이 아니더라도 음식 흘린 게 보이면 바로 내가 그 자리에서 치웠다.

내가 중국집에서 남보다 더 열심히 일했던 이유가 있다. 처음에는 내 중국집을 차리고 싶었다. 돈을 워낙 잘 벌다 보니 중국집을 차릴 생각이 있었는데 막상 피자헛에서 일하다 보니 여러 가지 비교가 됐다.

피자헛은 모든 게 체계적이었다. 일하는 사람에 따라 업무를 세세하게 나누었다. 예를 들어서 중국집은 내가 안 나가면 주문도 못 받고 문을 닫아야 하는 상황이었다면, 피자헛은 내가 안 나가도 잘 돌아가는 상황이었다. 마치 체계화된 시스템을 위해 내가 출근을 해야 하는 기분이었다.

중국집에서는 일일이 고객의 전화 주문을 받고 일을 했는데 피자헛은 전화를 받을 필요도 없었고, 체계화된 시스템들이 나에게는 말 그대로 신세계였다. 나는 피자헛의 좋은 시스템들을 하나씩 배워 나갔다.

근태도 중국집과는 비교가 되지 않았다. 출퇴근 관리를 컴퓨터 시스템으로 했는데 단 1초라도 늦으면 월급이 줄어든다. 만약 1시 출근인데 1시에 출근 입력을 하면 1시 10분부터 일한 게 돼서 월급이 줄어드는 구조다. 몇몇 사람들은 1시 전에 출근하기 위해 부랴부랴 뛰어오고는 했지만, 나에게는 해당하지 않는 이야기였다. 항상 20분, 30분씩 일찍 출근했으니까.

그런 태도는 업무에서도 차이가 났다. 나는 피자헛에서 배달을 하루에 130개도 했다.

배달 하나하나가 다 돈과 연관되어 있었다. 시급 외 수당은 배달 한 건당 3백 원이었는데 비가 오면 4백 원을 받았다. 나는 추가 수당을 더 받기 위해서 미친 듯이 일을 했다. 내가 돈을 많이 번다는 건 가게 매출도 높아지는 거였으니 할 수 있는 대로 최대한 배달을 많이 다녔다. 그러다 보니 피자헛 본사에서 연락이 왔다. 일주일에 일해야 하는 시간이 정해져 있으니 업무 시간을 줄여야 한단다.

그 대신 일을 정말 열심히 하니까 진급을 시켜주겠다고 했다. 업무 시간을 줄이는 대신에 시급을 올려준다는 거였다. 그때 처음으로 '리더' 직책에 관한 이야기가 오갔다. 캡틴이라는 직책보다 위에 있는 직책이었으며, 그때 당시 전국 피자헛에 몇 명 없는 직책이었다.

그때는 하루라도 빨리 내 목표를 실현하기 위해 투잡two job, 쓰리잡three job을 했다. 중국집, 피자헛, 칼국수집의 일을 병행하다가 결국 중국집 오픈에 대한 마음을 접었다. 그 대신 나중에 피자헛을 차리겠다는 마음으로 열심히 일했는데, 당시 피자헛 매장을 차리려면 7억 원 정도가 필요했다. 도저히 월급만으로는 벌 수 없는 액수였고, 이때부터 나는 '나만의 가게'를 새로운 목표로 잡았다. 물론 시간이 지나 내 가게를 차리기는 했지만, 지금까지도 잊히지 않는 기억 중에 하나다.

그때와 지금은 환경이 많이 달라졌다는 것을 안다. 이제는 동네에 있는 작은 가게들도 어느 프랜차이즈에 뒤지지 않게 여러 상황이 개선되고 있다. 하지만 중요한 걸 잊어선 안 된다. 내가 중국집과 피자헛에서 일하면서 중요하게 느꼈던 건 바로 '마음가짐'의 차이였다. 일하는 환경도 물론 중요하지만, 그 환경보다 더 중요한 건 그 속에서 일하는 내 태도다.

중국집의 환경이 아무리 별로였어도 난 내 가게처럼 일했었다. 반대로 피자헛의 환경이 아무리 좋았어도 나태해지지 않았고, 여전히 '내 가게'라고 생각하며 성실하게 일했었다. 결과적으로 내가 월급을 남들보다 조금 더 받을 수 있었던 것도, 진급의 기회가 빨리 찾아왔던 것도 그 이유 때문이지 않을까.

환경도 물론 중요하지만, 더 중요한 건 그 안에서의 내 태도다.

모든 성공에는 반드시 어려움이 따른다.
누구나 쉽게 이룰 수 있는 것으로 많은 돈을 벌고 남들

의 인정을 받기는 어렵다. 돈을 많이 벌고 인정받으려면 남들은 감히 엄두도 내지 못할 만큼 힘든 일을 해내야 한다.

고통과 어려움 없이 성공할 수는 없다!

장사의 신의 뼈 때리는 한마디

Q **장사로 성공하려면 어떻게 할까요?**

辛 장사는 진짜 존나 쉬워!

남들보다 한 시간 일찍 나오고,

한 시간 늦게 들어가면 돼.

그리고 좀 더 벌고 싶다면

인생 몰빵 하면 좀 더 벌 수 있어.

앞으로는 잡생각이 들지 않게

항상 바쁘게 살아!

꾸준히, 열심히, 성실하게 일하면

반드시 성공할 거야!

37

辛

04

비로소 부모님께 인정을 받다

누구나 자신이 하는 일에 대해 확신이 없을 때가 있다. 나에게도 그런 순간이 있었다. 옥수동에 있는 피자헛에서 일하다가 군대에 입대했는데, 보직이 행정병이었다. 맨날 사무실에 앉아서 정리하고 컴퓨터를 만지는 게 일이었다. 항상 몸을 쓰면서 지냈었는데 이러다가는 정말 미칠 것 같아서 면담 신청을 했다. 다행히도 대대장님은 내가 정말 진지해 보였는지 취사병으로 보직을 바꿔줬다.

원래 요리를 했었으니까 음식을 하는 일이 나한테 훨씬 잘 맞았다. 우리 분대가 먹을 음식을 만드는 게 내 임무였다. 그러던 어느 날, 한 선임이 내가 한 음식이 맛있다면서 칭찬을 해주는 게 아닌가. 그때 나는 확신이 섰다.

'전역하면 바로 장사를 해야겠구나.'

그렇게 전역하자마자 내가 선택했던 건 바로 일을 하는 것이었다. 원래 일하던 피자헛으로 돌아가서 돈을 모으기 시작했다. 장사하려면 돈이 필요하니까. 그러면서 영등포에 있는 요리 학원에 다니며 한식·양식 자격증을 땄다. 원래 요리를 배우고 싶었던 게 가장 큰 이유였는데 자격증 덕분에 피자헛에서 월급을 2~4만 원 정도 더 받기도 했다.

쉬는 날이 되면 오토바이를 타고 돌아다니면서 장사할 만한 가게를 찾아다녔다. 금호동을 계속 돌아다녔는데 지나갈 때마다 비어있는 가게가 하나 있었다. 보증금 500만 원에 월세 30만 원이었다. 피자헛에서 받은 퇴직금과 부모님께 빌린 500만 원으로 간단한 공사만 끝내고 바로 곱창 가게를 시작했다.

처음에 곱창 가게를 하겠다고 했을 때 부모님이 나를 얼마나 말렸는지 모른다. 군대도 갔다 왔는데 이제 공부하는 게 어떻겠냐는 생각이셨다. 특히 아버지는 내가 지금이라도 공부하기를 바라셨다. 사실 아버지가 공부에 대한 미련이 남은 이유가 있다. 아버지는 당시 집안 문제로 대학 입학을 포기할 수밖에 없었고, 그래서인지 당신께서 대학에 가지 못한 기억을, 공부를 할 수 없었던 한을 내가 대신 이루기를 바라셨다.

그런데도 난 부모님께 500만 원을 빌려달라는 말을 했으니 부모님을 생각해서라도 반드시 성공해야 했다.

곱창 가게를 차린 초반은 정말 힘든 시절이었다. 그때 나는 매일 가게에서 잠을 잤다. 편하게 잠자면 못 일어날까 봐 일부러 불편한 자세로 자기도 했다. 누워서 자면 못 일어나니까. 아무도 나한테 시키지 않았는데 스스로 구부정하게 자거나 앉아서 잤다.

한번은 부모님이 곱창 가게에 오셨는데 고생은 고

생대로 하고, 돈은 돈대로 못 버는 나를 보면서 "공부를 했으면 이 상황을 벗어날 확률이 좀 더 높았을 거다"라고 말씀하시고 집으로 돌아가셨었다. 사실 부모님께는 '장사 잘된다'라고 거짓말을 하고 있었는데, 가게 상황은 누가 봐도 잘되고 있지 않았다.

당연한 결과였다. 처음부터 잘될 수는 없을 테니까. 지금은 웃으면서 이야기할 수 있지만, 그때 당시에는 견디기가 힘들었다. 두세 달 동안 제대로 잠도 못 자면서 거의 24시간을 일하고 있었는데도 성과는 나오지 않았다. 그리고 조금씩 나도 지쳐가고 있는 상태였다. 그때 이런 생각이 머리를 가득 채우기 시작했다.

'피자헛에서 계속 일했더라면 매달 150~200만 원은 받았을 텐데, 괜히 그만둬서 돈 한 푼 못 벌고, 잠 한숨 못 자는 걸까. 내 선택이 틀린 걸까?'

그때부터 배달하는 친구들이 일부러 팔아주러 가게에 올 때마다 나를 좀 안쓰럽게 보기 시작했다. 하지만 내 생각은 달랐다. 내가 지금 아무리 흔들리고 지치더라도 결국 잘 해낼 자신이 있었다. 당시에는 배달하는 곱창집이 없었는데 내가 처음으로 시작했다. 나는 친구들에게 '전단지 좀 붙여달라'고 부탁을 했다. 사실 그때는 전단지 1,000장을 뿌려봤자 들어오는 주문은 2~3건에 불과했다.

나는 전혀 다른 방법을 썼는데, 배달하는 친구들에게 전단지를 주면서 고객에게 배달 음식을 줄 때 집 문 안쪽에 전단지를 붙여달라고 부탁했다. 그로부터 3개월이 지나자 거짓말같이 주문이 엄청나게 들어오기 시작했다. 내 방법이 들어맞은 것이다. 똑같은 전단지 1,000장이라도 그냥 붙였을 때 주문율이 0.2%에 불과했지만, 집 안에 붙였을 때는 10%로 주문율이 높아졌다.

점점 한 달에 벌어들이는 수입이 늘어나기 시작했다. 그 덕분에 직원도 채용하였다. 가게를 오픈한 지 8개월쯤 됐을 때 나는 가족들 앞에서 3,000만 원을 식탁 위에 올려놓으며 한마디 했다.

"왜 저를 안 믿어주셨어요?"

이런 말을 한 이유가 있었다. 처음 곱창 가게를 오픈할 때 배달 외에 홀도 운영할 수 있을 만큼 조금 더 좋은 자리에서 하고 싶었다. 그런데 집에서는 "500만 원 이상은 절대 빌려줄 수 없다"라고 얘기하셨다. 당시에는 섭섭한 마음도 있었다. 500만 원이 아니라 나를 좀 더 도와줄 수 있는 집안 형편인 것을 알고 있었기 때문이다.

나중에 알게 된 사실은 내게 돈을 더 안 빌려줬던 이유는 부모님이 나를 걱정하셨기 때문이다. 그때 부모님은 사업은 한두 번은 망하는 것으로 생각하셨다. 사업을 시작한 아들에게 돈을 다 빌려주면 사업이 망했을 때 앞으로 더 도와줄 수 없으니까. 그래서 500만 원만 빌려준 것이었다. 부모님은 나름 나를 위한 계획이 있으셨다.

곱창 가게가 잘되면서 돈을 벌 때마다 집에 계속 가져다줬다. 어느 정도 곱창집이 안정화되고 나서 본격적으로 사업을 시작해야겠다고 생각했다. 그런데 중국집에서 일할 때 겪은 것과 같은 문제점들이 있었다. 일하는 시스템이 없었다. 일을 잘하는 경력직 직원이 없으면 주문을 받으면서 음식을 만드는 게 불가능했고, 일하는 사람들이 바뀔 때마다 그 맛도 달라졌다.

쉽게 말해서 '맛의 평준화'를 지키는 게 굉장히 힘들었다. 이 문제를 해결하려고 많은 노력을 했지만 결국, 곱창 가게는 가맹점을 내줘도 맛이 바뀌니 사업성이 없다고 판단했고, 지인에게 가게를 넘겼다.

그 후 오븐구이 프랜차이즈 치킨집을 차리게 되었다. 프랜차이즈 가게를 차리려면 사업 자금이 필요했다. 그때 집에 얘기했더니 어머니께서 장사하는 데 보태쓰라면서 선뜻 목돈을 건네주셨다. 깜짝 놀란 나는 "이 돈이 어디서 났냐"고 여쭤봤더니 그동안 내가 준 돈을 쓰지 않고 다 모아놓으셨단다. 그 돈으로 오븐구이 프랜차이즈 치킨집을 시작할 수 있었다.

처음엔 장사하는 걸 말리시던 부모님이 이젠 제대로 한번 해보라면서 내가 드린 돈을 그대로 나에게 돌려준 것이다. 나에게 그날은 단순히 '사업 자금'을 마련한 날이 아니라 부모님께 비로소 인정을 받은 날처럼 느껴졌다. 만약 자신이 옳다고 믿는 게 있다면 강하게 밀어붙여도 좋다. 물론 흔들리고, 좌절하고, 불안한 날이 있겠지만, 결국엔 이뤄낼 테니까.

실패는 사실 성공의 다른 얼굴이다.
최선을 다해서 일했는데 원하는 결과가 안 나왔더라도 실망할 필요가 없다. 나중에는 그 실패가 어떤 용도로 쓰일지는 아무도 모르는 것이다. 성공은 다른 사람들이 다 포기한 뒤에도 붙들고 늘어지는 데서 결정이 난다.
실패는 성공의 씨앗이다!

辛

05

제대로 버려라! 버려야 이긴다

앞에서도 말한 것처럼 곱창 가게를 할 때 매출은 꾸준히 올랐지만, 계속해서 사업으로 이어가기에는 힘들다는 판단이 섰다. 그래서 선택한 게 치킨이었다. 하지만 치킨에 대해 아는 게 없었다. 원래 '모르면 배워야 한다'라는 생각이 강했기 때문에 오븐구이 프랜차이즈 치킨 가맹점주로 1년 동안 일을 했다. 이 브랜드에서 계속 매출 1등을 했다. 물론 가게 오픈전부터 곱창 가게를 성공시켰던 '나만의 방법'으로 전단지를 돌렸다.

매출 1등 달성을 인정받아서 본사에서는 내게 도움이 필요하면 언제라도 말하라며 지원을 약속했다. 나는 가맹점주로는 드물게 오븐구이 프랜차이즈 치킨 본사 대표님을 직접 만나서 말했다.

"나는 앞으로 더 잘할 수 있고, 이 브랜드를 알릴 수 있으니 도와주십시오. 이벤트로 고객들에게 도자기 그릇을 주고 싶으니 지원해주시면 좋겠습니다."

그때 도자기 그릇 이벤트는 아무도 하지 않는 파격적인 이벤트였다. 심지어 도자기 그릇 때문에 치킨을 주문하는 고객들도 있었다.

문제는 그다음에 벌어졌다. 가게를 오픈하고 3개월 동안은 장사가 정말 잘 됐는데, 이후 조류 독감이 터진 것이다. 지금은 조류 독감을 아무도 신경 쓰지 않지만, 그때는 조류 독감을 심각하게 받아들여서 다들 '치킨을 잘 못 먹으면 병에 걸린다'라고 생각할 때였다.

그때 당시 나는 조류 독감에 대해서 아무것도 모를

때라 금방 지나갈 거로 생각했다. 그래서 배달 직원 두 명과 주방 직원 한 명에게도 "아무 걱정하지 말라"고 말했다. 그런데 점점 주문이 줄어들기 시작했다. 이전에는 하루에 치킨 100마리씩 나갔는데 이후로 18마리, 13마리, 7마리, 5마리씩 나가기 시작했다.

어쩔 수 없이 배달 직원 한 명 빼고는 모두 그만두게 됐다. 나 혼자 주방일을 하고, 배달까지 도와주면서 간신히 버텼는데도 조류 독감이 한 달을 넘어가니까 더는 배달 직원도 못 쓰고 모든 걸 혼자 해야 하는 상황이 찾아왔다.

그런 상황에서 주문을 받고, 바로 치킨을 만들고, 이어서 배달까지 했다. 주문이 하루에 한 건이라도 나는 웃으면서 고객들을 맞이해야 했다. 배달을 가면 고객들이 묻곤 하셨다.

"가게는 어떻게 비워 두고 왔어요?"

그럴 때마다 나는 고객들에게 대답했다.

"사실 주문이 별로 없어서 직접 왔습니다. 왜 치킨을 안 드시는지 모르겠습니다. 저는 매일 먹어도 아무 문제가 없습니다. 주위에 치킨을 먹어도 아무 문제 없다는 걸 알려주시면 좋겠습니다."

이렇게 나는 만나는 고객들에게 일일이 설명하고 다녔다. 심지어 연세가 많은 분을 위해 포스트잇에 손글씨를 쓰기도 했었다.

〈조류 독감은 70도에서 열처리하면 사라지므로 익혀 드시면 안전합니다. 저희 치킨은 250도에서 굽습니다.〉

이런 나의 정성과 노력을 알아봐 주었는지 계속 주문을 넣기 시작했다. 15분! 단 15분 안에 혼자서 모든 걸 해결했다. 주문이 들어오면 곧바로 오븐에 닭을 넣어놓고, 조리 시간을 15분으로 맞춘 후 배달을 다녀왔다. 만약 15분이 지나면 그 닭은 쓸 수가 없다. 오븐의 예약이 꺼져도 250도의 고열에 닭이 타버리게 된다. 그래서 주문을 받고, 바로 요리하고, 미친 듯이 오토바이를 타고 달리면서 배달을 해야만 했다.

그렇게 한 두 달을 미친듯이 하루에 18~20시간씩

일했다. 그때 내가 그렇게 버틸 수 있었던 건 딱 한 가지 때문이었다.

"시간이 지나면 분명 해결될 것이다. 내가 잘못한 게 아니라 상황이 안 좋은 거니까."

결국엔 버티니까 주문량이 점점 늘어나기 시작하더니 하루에 주문 20개를 넘기기 시작했다. 이 정도면 혼자서 할 수가 없어서 직원 한 명을 다시 쓰기 시작했다. 이후로 주문량이 30~40개씩 늘어나면서 매출이 오르기 시작했다.

만약 조류 독감이 터졌을 때 내가 주저앉았다면 과연 나는 어떻게 됐을까? 가끔 내가 잘못하지 않아도 상황이 따라주지 않을 때가 있다. 그땐 그냥 버티는 수밖에 없다. 내가 할 수 있는 걸 다 하면서 버티다 보면 이긴다.

그리고 음식의 맛도 중요하다. 내가 그 시기를 버틸 수 있었던 이유 중 하나는 음식 맛에 대한 확신과 조금만 더 버티면 가능성이 있다는 근거 있는 자신감 때문이다. 만약 자기 음식에 대한 확신과 자신감이 없다면 버티면 안 된다. 무작정 버티기만 하는 것은 잘못된 방법이다.

이럴 땐 차라리 빨리 포기하는 게 나은 것일 수 있다.

아무리 어려워도 성공하는 사람은 있다.

최악의 불황기에도 성공하는 사람이 있다. 온갖 문제들이 산처럼 쌓여 있더라도 시간을 멈추게 할 순 없다. 그러니 우리는 어떤 일에든 노력과 열정을 쏟아부어야 한다. 그러면 저절로 성공을 이루게 된다.

열정이 곧 성공으로 가는 지름길이다!

51

辛

06

메뉴 개발에 집착하지 마라

사람들이 나에게 자주 하는 질문이 있다. 메뉴 개발에 시간을 많이 쏟냐는 것이다. 나는 연구 개발R&D에는 별로 투자를 하지 않는 편이다. 돈과 시간이 많이 들기 때문이다. 그럼 또 이렇게 물어보는 사람들이 있다. 원래부터 메뉴 개발에는 투자를 안 한 건지, 신메뉴가 항상 나와야 하는데 그 부분은 어떻게 해결하는지를 물어보고는 한다.

사실 내가 처음부터 메뉴 개발을 안 했던 건 아니다.

예를 들어 지금은 어느 가게에서나 볼 수 있는 '얼음 맥주잔'은 15년 전부터 내가 사용했었다. 당시 맥주잔을 얼려주는 냉동고가 막 도입되었는데, 그때는 아직 얼음 맥주잔에 대한 개념이 없었고, 고객들도 익숙하지 않았다. 그래서 맥주를 빨리 마시면 시원하지만, 늦게 마시면 얼음이 녹아서 물이 되는 문제가 있었다. 결국, 고객들은 맥주 맛이 밍밍하다며 보통의 시원한 맥주잔을 원했었다.

그러나 지금은 어떤가? 오히려 얼음 맥주잔을 찾는 사람이 많은 상황이다. 없으면 오히려 가게가 욕을 먹는다. 여기서 내가 깨달은 건 남들이 안 하는 걸 먼저 시작하면 그만큼 어려움이 있다는 것이다.

땡땡치킨에서 치즈 스노윙을 출시했을 때도 마찬가지였다. 나는 이미 치즈 스노윙 치킨과 비슷한 것을 만들었지만, 메뉴로 내지는 않았었다. 모든 상황이 준비되었을 때 내놓는 게 이득이다. 즉 대기업에서 출시하고 광고를 했을 때 판매하는 게 훨씬 이득이라는 사실을 알고 있었기 때문이다.

로제 떡볶이 열풍이 있었을 때도 이미 만들어서 준

비한 상태였다. 이후 블랙 로제까지 미리 준비했었다. 블랙 로제를 최초로 만든 사람이 나였다. 로제 소스로 된 음식이 유행하기 시작할 때 블랙 로제를 미리 만들었지만 시기상조였다.

대기업에서 블랙 로제를 마케팅해줘야 사람들이 관심을 가질 수 있는데 내가 너무 앞서 만들었기 때문에 블랙 로제를 세상에 처음으로 알려야 하는 상황이었다. 대기업이 출시하면 판매하는 게 좋은 방법이다.

많은 사람이 모르는 것을 홍보한다는 게 절대 쉬운 일이 아니다. 그런 일을 겪고 나서 깨달았던 건 '내가 시작점이 되려고 하지 말고, 다른 사람들이 시작했을 때 그 위에 올라타자'라는 거였다. 한마디로 장사가 안된다고 메뉴 개발에 힘을 쏟을 시간에 내가 할 수 있는 것에 집중하는 게 훨씬 더 도움 된다.

매장이 많은 대기업에서 신메뉴를 출시할 때 연예인으로 티브이 광고를 자주해줘야 사람들이 그 메뉴를 인지하기 시작한다.

그래서 내가 사람들에게 하는 말이 "메뉴 개발을 하지 말라"는 것이다. 물론 준비가 된 상태에서, 즉 대기업에서 출시하고 대박 조짐이 보일 때 바로 그 메뉴를 도입해야 한다. 어차피 시중에 다 풀리기 마련이니 그중에서 맛있는 걸 선택해서 파는 게 훨씬 빠른 지름길이다.

일을 하기 전에 철저히 준비해야 한다.
준비는 시작을 잘하기 위해서 하는 것이다. 준비하는 동안 내게 필요한 것이 무엇인지 알게 된다. 그렇게 준비하면서 만족스러운 부분과 불만족스러운 부분을 파악할 수 있다.
열심히 준비한 사람만이 기회를 잡는다!

장사의 신의 뼈 때리는 한마디

Q **그렇게 열심히 일했는데 왜 안되죠?**

제게 무슨 문제가 있나요?

辛 핑계대지 마.

다 핑계야. 자기 틀에 갇혀서

그 틀에서만 존나 움직이는 거지.

왜, 바뀔 생각을 하지 않는 거야?

지금 당장 바꿀 수 있는 것들을 시작해.

매일 해야 할 일들은 꾸준하게 반복하고,

그렇게 반복하면

서툰 것도 익숙해지게 돼.

그다음부턴 더 잘하게 만드는 거야!

성공한 사람들은 다 결과로 증명하게 되어 있어.

辛

07

불이 꺼지지 않는 가게

사람들이 누군가에게 매혹되는 요소는 여러 가지가 있을 것이다. 경제적 여유, 외적인 매력, 말투, 유머처럼 서로 다른 기준으로 타인에게 매력을 느끼겠지만, 내가 생각하는 요소 중에 가장 중요한 건 '성실함'이다. 특히 당신이 사업이나 장사를 한다면 훨씬 더 중요해진다.

앞에서 이야기했던 것처럼 나는 지각할까 봐 가게에서 잠을 자고, 편하게 자면 못 일어날까 봐 일부러 몸을 구부려서 자는 날이 많았다. 덕분에 우리 가게는 24시간 불이 꺼지지 않았다. 사람들이 언제 와도 항상 불이 켜져 있었다. 새벽 6시까지 장사하고, 마감을 끝마친 뒤에 2시간 자고, 다시 또 일을 시작했으니까.

치킨 가게를 할 때는 주문이 안 들어왔을 뿐이지 가게는 항상 24시간 열려있었다. 자다가도 주문이 들어오면 벌떡 일어나 배달을 했다.

내가 새벽까지 계속 장사했던 가장 큰 이유는 '낮에 치킨을 시켜 먹은 고객들이 새벽에도 주문하지 않을까' 라는 생각에서였다. 물론 그 생각이 옳았던 것은 아니다. 낮에 주문했던 고객이 새벽에 주문할 확률보다는 밤에 일하는 사람들이 새벽에 주문하는 경우가 많았다.

만약 새벽에 우리 가게에 주문했는데 가게가 닫혀 있다면, 그 사람은 다른 곳에서 음식을 시킬 것이다. 그렇게 한 번 떠나간 고객은 생각보다 쉽게 돌아오지 않는다. 그런 이유로 '최대한 버틸 수 있는 시간까지 버티자' 라는 생각이 쌓이기 시작했다.

새벽 배달을 하다 보면 별의별 고객을 다 만난다. 어떤 술 취한 고객은 자기 집안까지 들어와서 나에게 치킨 포장을 뜯어주고, 소스도 열어달라고 한 적도 있었다. 혹시라도 무슨 일이 생길까 봐 "우리는 신발 벗고 집안까지는 못 들어간다"라고 얘기했는데, 다음날부터 주문을 끊은 사람도 있었다.

어떤 술 취한 사람은 계산하겠다고 주는 카드마다 한도 초과였다. 한도 초과한 카드가 열 개를 넘어가자 직감적으로 '돈을 받을 수 없겠구나'라고 느꼈다. 차라리 좋게라도 이야기하는 게 좋을 듯해서 그 고객에게 말했다.

"사장님, 이거 맛있게 드세요. 오늘은 서비스로 그냥 드릴게요. 그 대신 다음에 주문하실 땐 꼭 돈을 주셔야 합니다."

누구보다 성실하게 장사를 하다 보니까 주변에서 한두 명씩 나를 좋게 봐주기 시작했다. 심지어 가게 근처에 있는 회사에 다니는 직장인들도 나를 좋게 봐줬다. 퇴근할 때는 불이 켜져 있는 건 당연한데 아침에 출근할 때마저 불이 켜져 있어서였다.

내가 회사를 운영할 때도 사무실 불은 항상 켜 두고 퇴근했다. '열심히 일하고 있다'라는 걸 주변에서도 볼 필요가 있다고 생각했다. 실제로 효과가 있었다. 회사에 불이 안 꺼지고, 대표인 내가 항상 연락이 잘 되면, 나와 거래하는 사람들은 우리 회사가 진짜 열심히 일하는 회사라는 생각으로 신뢰하기 시작한다.

'여기 사람들은 잠을 안 자. 이 회사는 직원들이 매일 일을 해.'

'나, 이 회사는 믿어도 될 것 같아.'

'이 회사 사람들은 24시간 일하는 것 같아.'

가맹점을 하고 싶다고 찾아오는 사람들을 내가 직접 상담을 다 했던 것도 그런 이유에서였다. 회사 대표가 상담을 다 하는 것만큼 성실하고 믿음직스러운 모습은 없을 테니까. 결국, 매장이 점점 늘어나기 시작했고, 그만큼 사람들에게 신뢰를 얻을 수 있었다. 성실함이라는 걸 너무 당연하게 생각할지도 모르지만, 생각보다 성실하지 않은 사람들이 훨씬 많다.

적당히 만족하고, 적당히 타협하고, 적당히 휴식하면서 남들보다 더 잘살 수는 없다. 남들보다 몇 배로 더 성실해야 한다. 항상 불이 꺼지지 않았던 우리 가게처럼.

성실이 곧 실력이다!
실력이 있으면서 성실하기까지 하면 더욱 좋겠지만, 조금 부족한 실력은 성실로 커버가 되기도 한다. 매일의 성실함이 실력을 만든다는 말을 믿고 꾸준히 노력해라.
부자는 성실과 실력을 바탕으로 될 수 있다!

61

辛

08

장례식장에서도 주문을 받다

어릴 때 우리 가족은 어디 놀러 가지도 않았고, 외식도 자주 하지 않았다. 그런 내가 유일하게 행복해하는 시간이 있었는데 바로 할머니 집에 놀러 가는 날이었다. 할머니 집에 놀러 갈 때마다 할머니는 매번 음식을 시켜주셨다. 어린이대공원, 서울랜드도 한 번 안 가봤던 내가 유일하게 소풍처럼 느꼈던 건 할머니네 집에 놀러 가는 거였다. 한 달에 2~3일은 할머니네 집에 있었다.

물론 부모님과 같이 살기는 했지만, 내가 할머니에 대한 정이 더 크게 있었던 것도 그 때문이었다. 그 후로도 한 달에 최소한 한두 번은 할머니를 뵈러 갔었는데, 장사를 시작하면서부터는 찾아뵙지 못했다. 평소처럼 곱창을 볶고 있던 어느 날, 휴대폰에 부재중 전화가 찍혀있었다. 어머니였다. 문자 메시지도 하나 와 있었는데, 왜 불길한 예감은 틀린 적이 없는 걸까.

'할머니가 돌아가셨으니 장례식장으로 오라'는 내용이었다. 장례식장에 입고 갈 옷이 없어서 바로 옆에 있는 옷가게에서 양복을 사서 입고 간 기억이 있다.

곱창 가게를 할 때는 배달의민족 앱이 있을 때가 아니어서 항상 전화로 주문을 받았다. 주문한 고객의 발신자 번호가 뜨면 그걸 종이에 적고, 주소도 적고 하던 시절이었다. 만약 전화번호를 잘못 적으면 큰일이 나는 상황이었다. 그래서 함께 일하던 주방 이모들은 주문 전화 받는 걸 무서워했다. 혹시 실수라도 하면 안 되니까.

그래서 결국, 내가 선택한 건 착신전화였다. 할머니

의 장례식장에서 내가 주문을 받고, 그 주문 내용을 문자로 주방 이모들에게 보내주는 것이었다. 할머니의 장례식을 치르던 그 날은 평소보다 주문이 더 많이 들어왔다. 그러다 문득 이런 생각이 들었다.

'이렇게까지 해야 하나? 가족들이 잘살게 하려고 돈을 버는 건데, 정작 가족이 이 세상을 떠났는데, 내가 지금 뭐 하고 있는 걸까. 호상이었는데도 그런 기분을 느꼈는데, 만약 아파서 돌아가셨다면 어떻게 됐을까. 그런 상황에서 주문을 받고 있었다면, 정말 더 미친 짓처럼 보이지 않았을까.'

사실 아버지와 어머니는 내게 이렇게 말했었다.

"너는 일도 많고 힘든데 오지 않아도 된다. 너라도 먹고살아야 하니까."

반면에 친척들이나 친구들을 비롯한 주변 사람들은 장례식장까지 와서 일하는 내 모습을 보며 나를 미친놈이라고 생각했을 것이다. 지금 돌이켜 생각해봐도 '살아 있는 사람은 자기 삶에 최선을 다해야 한다'라고 믿는다.

경제적 자유를 얻은 지금은 약간의 후회는 들지만, 만약 그때로 되돌아가더라도 나는 아마 똑같이 했을 것이다.

당시의 나는 먹고사는 게 더 급했으니까.

독종이라야 성공한다.
성공한 사람들은 예외 없이 죽을 각오로 일에 매달린다. 특히 어렵고 힘든 시기에는 독종만이 살아남는다.
그러니 성공하고 싶다면 치열하게 일하고, 치열하게 돈을 벌어라.
결국에는 지독한 독종만이 성공할 수 있다!

65

辛

09

내 가족을 챙기면서 행복을 느끼다

어머니는 집 앞에 있는 함바 식당에서 20년 동안 계속 일을 하셨다. 내가 회사 대표가 되고 일이 잘 풀렸을 때도 어머니는 일을 그만두지 않으셨다. 이제는 여유가 있다고 아무리 말씀드려도 일을 그만두지 않으셨다. 그때 어머니가 하셨던 말씀은 이랬다.

"사업은 언제든지 망할 수 있으니 너한테 손 벌리지 않을 거야. 나는 계속 일을 할 거다."

어머니께 매달 억대 수입을 번다고 말해도 믿지 않으셨다.

"엄마, 나 돈 많이 벌어. 엄마가 상상할 수 없을 만큼 정말로 큰돈을 많이 벌어. 이번 연도 회사 매출이 4백억인데, 내가 회사 대표야. 어딜 가도 알아봐 주는 사람이 바로 나야."

어머니가 내 말을 믿을 수 없었던 건 어머니 주변에는 그 정도 억대 수입을 버는 사람이 한 명도 없었기 때문이다. 그래서 계속 일을 하셨던 것 같다. 나한테 손을 안 벌리고 싶으셔서. 혹시라도 나한테 문제가 생기면 도와주고 싶으셔서.

내가 그렇게 열심히 돈을 벌었던 이유는, 나 혼자 행복하기 위해서가 아니었다. 내 가족을 챙기기 위해서였다. 그런데 집에서는 내게 돈을 달라고 한 적이 없었다. 십 원 한 장도. 오히려 나를 챙겨주고 싶은 마음이었고, 항상 부모님은 내게 자주 말씀하셨던 건 '자식에게 걸림돌이 되고 싶지 않다'였다.

그동안 쉼 없이 장사를 하고 사업을 하는 데 있어서 가장 큰 동기부여는 언제나 가족이었다. 난 내 가족이 좋은 차를 타고, 좋은 집에서 살 수 있게 하겠다는 생각으로 지난 시간을 버텼다. 우리 가족이 누군가에게 무시당하는 게 싫었고, 다른 사람들한테 심한 말을 듣는 게 싫었다.

우울하거나 힘들 때, 사업하기 싫을 때도 가족만 생각했다. 물론 우리 가족은 내가 이렇게 생각했다는 걸 모를 것이다. 난 집에서는 한마디도 안 하는 편이니까. 그래도 가족을 챙겨야겠다는 그 마음 하나로 지금까지 달려왔다.

식당 일을 계속하시던 어머니도 내가 회사를 매각하고 목돈을 손에 쥔 것을 아셨을 때, 그때서야 내 말을 믿고 일을 그만두셨다. 지금 부모님은 내게 '고맙다', '대견하다'라는 말씀을 하신다. 그리고 주위에 아들 자랑을 하고 다니신다. 누나 집까지 사줬으니 가족에게 경제적으로 도와줄 수 있는 건 다 해준 것 같다.

내가 지금까지 일이 잘 풀릴 수 있었던 이유 중 하

나가 '내 옆에 있는 사람이 잘 돼야 내가 행복할 수 있다'라고 생각했던 덕분인 것 같다. 그리고 가족을 챙긴 마음처럼 프랜차이즈 사업을 할 때도 '나와 함께하는 점주님이 잘 돼야 나도 잘될 수 있다'라는 생각을 했기 때문에 조금 더 빨리 자리를 잡을 수 있었다.

돈은 행복의 열쇠다.
흔히 "사람 목숨이 중요하지, 돈이 중요해?" 말하지만, 돈이 없으면 생명을 구하지 못할 수도 있다. 돈이 많다고 해서 반드시 행복한 것은 아니다. 하지만 내 삶을 걱정할 정도로 돈이 없다면 결코 행복할 수 없다. 그 정도로 돈을 모을 때까지 열심히 일해야 한다.
나와 내 가족이 행복해지려면 돈은 필수다!

장사의 신의 뼈 때리는 한마디

Q 장사에서 성공 비결은 꼭 짚어서 뭔가요?

辛 포기하지 않는 것.

이게 내 성공 비결이야.

내가 이 자리까지 올라올 수 있었던 건

간절함 때문이었어.

내가 특별하게 머리가 좋아서가 아니라

정말 죽을 만큼 간절한 마음으로

남들보다 몇십 배, 몇백 배 노력한 게 다야.

그러니까,

지금 당장 가진 게 없다고 포기하지 마.

포기만 하지 않으면 성공할 수 있어!

辛

10

진짜 간절함과 가짜 간절함을 구분하라

프랜차이즈 사업을 할 때, 가맹점을 내달라면서 연락오는 사람들이 많았다. 워낙 많은 사람을 만나기 시작하면서 점점 나만의 기준이 필요해졌다. 내가 가장 중요하다고 생각하는 것 중의 하나는 '간절함'이다.

간절하지 않은 사람을 잘 되게 하는 일은 불가능에 가깝다. 아무리 이야기하고, 알려주고, 잡아줘도 그 사람이 움직이지 않으면 소용없기 때문이다. 문제는 이런 간절함도 두 가지로 나뉜다는 것이다. 진짜 간절함과 가짜 간절함.

사실 장사하는 동안 내게 조언을 해준 사람이 단 한 명도 없었다. 내가 실패하면서 스스로 배웠을 뿐이다. 그래서 장사를 시작하고 싶어 하는 사람들이 내가 겪었던 힘들었던 과정을 겪지 않기를 바라는 마음으로 도움을 주고 있다. 1년 걸릴 거 6개월로 줄여주는 게 내 역할이다.

오븐구이 치킨 프랜차이즈 가맹점주를 했을 때 본사의 슈퍼바이저supervisor가 우리 매장으로 찾아온 적이 있었다. 다른 매장 매출은 다 줄어드는데, 오히려 우리 매장 매출은 오르고 있었기 때문이다. 우리 매장은 고객들에게 무조건 최선을 다했다.

고객에게 서비스 주는 걸 아까워하지 않았고, 배달한 음식에 무슨 일이 생겼을 때 '우리 매장에서는 실수가 없었다'라고 말하기 전에 우선 '죄송하다'라고 말한 후 고객 집으로 당장 갔다. 그리고 음식을 확인하고, 나의 잘못이 아니더라도 먼저 조치를 취해드렸다.

이미 우리 음식에 문제가 있다고 생각하는 사람을 내가 설득하기란 쉽지 않다. 그러니 잘잘못을 따지지 않고 해결한 후 다른 음식에 집중하는 게 최선이다.

내가 그렇게까지 할 수 있었던 건 간절함 덕분이었다. 누구보다 돈을 많이 벌고 싶었으니까. 그렇게 해서라도 그 고객을 놓치고 싶지 않았다. 언제나 고객 한 분 한 분에게 최선을 다했다.

진짜 간절함과 가짜 간절함을 구분 짓는 건 그 사람의 '행동'이다. 처음 나를 만났을 때 간절함을 얘기했던 것과는 다르게 점점 시간이 지나면 그 간절함이 줄어들기 시작한다. 처음에는 내가 하라는 대로 하겠다고 하지만 시간이 지나면 온갖 핑계를 대면서 제대로 하지 않는다.

그러면서 "가게를 오픈하고 20일 동안 열심히 했는데, 물건 하나하나를 계산하니까 별로 마진이 안 남는데 이게 맞는 거냐?"라는 질문을 하기도 한다. 직원 인건비, 세금, 배달 대행료 등을 제했을 때 음식 하나로 마진을 계산하면 남지 않는다. 왜냐하면, 고정비는 정해져 있기 때문에 그 고정비를 넘어섰을 때 그다음부터 마진이 늘어난다.

장사라는 건 최소한 1년 정도는 열심히 일하고 나서 계산해야 한다. 하루하루를 계산하는 게 아니라 한 달씩 계산하거나 분기나 반기별로 계산해야 한다. 그래서 장사를 오랫동안 한 사람들은 겨우 한 달 안 된다고 크게 신경 쓰지 않는다. 장사가 안 될 경우, 작년 매출을 분석하고 현재 문제점을 파악한다.

처음에는 다들 1년간 죽었다고 생각하고 일하겠다고 말한다. 하지만 그 1년을 못 버티는 사람들이 너무나 많다. 초심을 잃지 말고 '1년은 죽었다'라고 일할 게 아니라면 장사를 하지 말아야 한다. 진짜 간절하다고 해서 도움을 줬는데 한 달도 안 돼서 마진을 생각하고, 좀 더 쉴 생각을 하고, 고객에게 서비스 주는 걸 싫어하기 시작한다. 하지만 진짜 간절한 사람은 처음 이야기한 행동 그대로 몇 년씩 유지한다.

또 하나 중요하게 보는 건 '말'이다. 나는 누군가를 도와줄 때 그 사람의 가정사부터 시작해서 많은 말을 주고받는다. 처음에는 다 간절하게 이야기한다. 아무리 첫인상이 좋았더라도 세 번 이상 보는 건, 시간이 지나고 말이 점점 편해지기 시작했을 때, 그 사람의 본성이 나타나기 때문이다. 그때를 보면 이 사람의 간절함이 진짜인지 가짜인지 구별할 수 있다.

진짜 간절한 사람은 언제나 한결같은 태도로 자신의 모든 열정을 쏟는다. 하지만 가짜로 간절한 사람은 잠깐 타올랐다가 금방 식어버린다. 그 두 사람을 나누는 나만의 기준은 시간이 지나도 태도가 똑같은지 보는 것과 그 사람의 본성이 어떻게 나타나는지를 보는 것이다. 가짜 간절함과 진짜 간절함을 구분해야 한다.

부지런하면 반드시 부자가 된다.
"부지런한 손이 게으른 혀보다 더 많은 것을 성취한다"라는 말이 있다. 같은 의미로 손발을 게으르게 놀리면 가난해지지만, 부지런하면 부자가 된다고 생각

할 수 있다.

장사할 때 '쉬면 죽는다'라는 생각으로 일해라!

제2장

장사의 기본을 반드시 지켜라

辛

01

대박집과 쪽박집은 작은 차이로 결정된다

대박집이 되기 위해 가장 중요한 게 무엇이냐는 질문을 자주 받는다. 그때마다 내 대답은 비슷했다. 아무리 생각해도 결국은 '사장의 역할'이다. 약수역에서 숯불 바비큐 가게 홀 장사를 했던 적이 있다. 그때 내가 주방에 있을 때와 내가 문밖에 있을 때 매출 차이가 엄청 크다는 걸 느꼈다.

처음에는 무조건 내가 주방을 맡아야 한다고 생각

했다. 그런데 내가 주방에만 있고 홀에 있는 고객들의 응대를 못 하자 매출이 떨어지기 시작했다. 그래서 주방 이모를 구하고 그 외 잡다한 일들은 알바생에게 시킨 후 고객 응대에 집중했다.

가게 앞에 서서 인사를 하거나 고객에게 커피 한 잔씩 타 주면서 친구처럼 지내기도 했었다. 그런 고객이 매장으로 들어왔을 때 치킨에 콘 샐러드도 줘보고, 쥐포 튀김도 주고, 건빵 튀김도 줬다. 특히 건빵 튀김은 남자들에게는 추억의 간식이었는데 일부러 군인들에게 주기도 했었다. 이렇게 다양한 서비스를 주면서 기분 좋은 말을 먼저 하기도 했다.

고객들에게 서비스를 챙겨주며 신경을 쓰니 자연스럽게 매출이 올라가기 시작했다. 그리고 이런 내 역할에 익숙해진 고객들에게 우리 가게가 숯불 바비큐집의 기준이 되어버렸다. 다른 바비큐집을 갔던 고객들은 이제 음식 맛을 떠나서 내 가게와 다른 가게를 비교하면서 '약수역에 있는 숯불 바비큐집 가게는 다양한 서비스도 주고, 사장님이 직접 고객에게 관심을 가져주고 그랬는데' 하면서 다른 바비큐 매장에서 안 좋은 점을 계속 찾게 되는 것이다.

이렇게 사장은 고객들이 다른 가게에 갔을 때 그 가게의 단점이 크게 느껴질 만큼 자기 가게에서 고객을 계속 챙겨주는 역할을 해야 한다. 음식 서비스든, 친절한 인사든, 기분 좋은 말을 먼저 건네든 말이다.

이런 나만의 노하우는 후참잘(후라이드참잘하는집)을 할 때도 그대로 적용했다. 후참잘에서 음식을 시키면 눈꽃 감자튀김도 나오고, 음식을 다 먹으면 입가심으로 멘토스도 주고, 포스트잇에 직접 손글씨로 감동을 주는 글을 써서 고객들에게 주는 것도 내가 처음으로 시작했다.

만약 내 가게가 쉴 때 다른 가게에서 치킨을 시켜 먹으면 자연스럽게 비교하게 된다. 이런 방식으로 나는 고객들이 다른 가게와 우리 가게를 비교해서 자주 찾도록 유도했다.

약수역에서 홀 장사를 할 때 자주 오던 조폭이 있었

다. 두목이나 부두목쯤 되는 사람이었는데 매번 비싼 과일을 봉투째로 사 와서는 씻어달라고 했었다. 그리고 자기가 사 온 과일이든 라면이든 다 먹고 나면 무조건 5만 원을 주고 갔다. 다들 무서워했지만, 나에게는 착한 고객이었다.

가게에 올 때마다 무슨 일 있으면 '형한테 연락해. 네가 진짜 열심히 하니까 형이 여기 온다'라는 말을 하고는 했다. 그때마다 항상 내게 했던 말이 지금까지 잊히지 않는다.

"쟤는 진짜 열심히 사는 애야. 가게 불 꺼지는 걸 못 봤어. 너 나중에 가게 망하면, 형 밑으로 와. 형이 먹고살게는 해줄게."

작은 일에도 정성을 다하자.
내가 작은 일에 정성을 다하는데 남들이 알아주지 않아도 상관없다. 나중에는 다 알아주니까. 장사할 때 무슨 일을 하더라도 내 인생을 걸고 하면 반드시 성공한다.
작은 일도 무시하지 않고 최선을 다해야 한다!

83

辛

02

프랜차이즈 사업을 차근차근 준비하다

본격적으로 치킨 사업을 시작하기 전에 '과연 내가 성공적으로 사업을 할 수 있을까'라는 생각이 들었다. 그래서 일종의 테스트 같은 개념으로 매장을 차린 후 내가 아닌 친구를 책임자 자리에 앉히고, 나는 그 가게가 마치 1호점인 것처럼 물건을 직접 대기 시작했다.

그런데 문제가 발생하기 시작했다. 매출은 계속 높아지는데 왜 마이너스가 발생하는 건지 도저히 알 수가 없었다. 하지만 매장의 매출은 계속 올라갔으니 사람들이 매장으로 와서 가맹점을 하고 싶다고 이야기를 하고는 했다.

사실 이 모든 과정은 '샘플 매장'을 통한 테스트였다. 우선 수익이 나지 않으니까 프랜차이즈 문의를 한 사람들에게 기다려달라고 이야기했다. 그런 후 정확한 문제 파악을 위해서 아는 지인들을 먼저 오픈시켰다. 안양에도 오픈하고, 행당동을 비롯한 다른 지역에도 오픈하기 시작했다.

먼저 지인들과 매장을 돌려보고 정확한 마진과 시스템을 갖추면 그때 프랜차이즈를 내줄 계획이었다. 그때 4개의 매장을 마치 프랜차이즈 사업을 하는 것처럼 6~7개월 동안 운영했다. 그런데 매장은 돈을 버는데, 나는 점점 적자가 나고 있었다. 문제점을 찾아야 했다.

다른 프랜차이즈 하는 대표님을 만나서 이것저것 물어보기 시작했다. 그 사람들은 프랜차이즈 사업을 공부했던 사람들이었다. 하지만 장사는 잘 못 하는 편이었다. 나는 장사도 잘했고, 이제 프랜차이즈 사업을 준비하는 상황이었다.

역시 예상한 것처럼 시스템에 문제가 있는 게 맞았다. 원인은 '후불 결제'였다. 예를 들어서 물건은 한 박스가 나가더라도 대량으로 맞춰야 했으니 계속해서 적자가 났던 거다. 물론 지금은 예전처럼 이런 시스템이 아니다. 모든 물건을 업체만 정해놓으면 그 업체의 사장님이 먼저 본인 돈으로 결제를 한 후 물건이 팔리고 나서 한 달에 한 번 대금을 지불한다.

예전에는 내가 먼저 물건의 값을 결제했지만, 지금은 어느 정도 규모와 시스템이 생기는 순간부터는 한 달에 한 번씩 돈을 줘도 된다. 그 후로 돈을 모을 수 있었다. 그때는 돈이 없으면 사업을 시작할 수 없었지만, 지금은 돈 한 푼 없이도 사업을 시작할 수 있는 상황이다.

내가 프랜차이즈 사업을 바로 시작할 수 없었던 또 다른 이유는 가맹 계약서, 정보공개서 등을 전부 내가 알아야 한다고 생각해서 공부하다 보니 시간이 오래 걸렸다. 물론 이런 일을 전문적으로 하는 사람들이 있었지만,

그때는 비용이 굉장히 많이 들 것으로 생각했고, 또 전문가들의 수가 많지도 않았다.

이런 이유들 때문에 내가 프랜차이즈를 내기까지 1년이라는 시간이 걸렸다. 그 1년이라는 시간 동안 많은 실험을 했다. 한 매장이 잘 되는 게 아니라 전체 매장이 잘 되는 걸 확인하고 싶었다. 또 한 가지 테스트를 더 하고 싶어서 대림동에 매장을 냈고, 대림동에서 영등포, 독산동, 신림동까지 전부 배달을 해봤다. 그러면서 세운 전략은 매출이 높은 지역에 매장을 먼저 오픈하자는 거였다.

나는 대림동에서 장사를 했지만, 거리가 먼 영등포에도 광고한 이유는 프랜차이즈 사업 준비를 위한 과정이었다. 그때는 아직 후참잘이라는 브랜드가 널리 알려지기 전이라 미리 광고해서 조금이라도 빨리 후참잘을 알리고, 그다음 영등포에 신규 점주님을 모셔서 수월하게 장사할 수 있도록 했다.

마찬가지로 독산동과 신림동 등 다른 지역에도 광고를 미리 하고, 매출이 높은 지역에 매장을 오픈하는 방식으로 진행했다. 이런 방식 덕분에 각 매장은 오픈하자마자 매출이 발생해서 비교적 편하게 가맹점주님들이 장사를 시작할 수 있었다.

이렇게 매출을 만들어 놓고, 매장을 내는 식으로 확장해 나가다 보니 신규 점주님들은 들어와서 일만 하면 됐고, 자리를 잡는 시간도 훨씬 줄어들었다.

처음 가맹사업을 할 때도 바로 신규 매장을 내주는 것보다 먼저 내가 매장을 운영하면서 그 매장의 매출이 나왔을 때 내가 투자한 비용만 받고 신규 점주님에게 넘기거나 비용을 할부로 받는 형식을 택했다. 그렇게 하나씩 매장을 넘기고, 새로 매장을 차리면서 점점 매장 수가 늘어나기 시작했다.

나중에는 회사의 규모가 너무 커져서 나 혼자 감당할 수 없을 정도로 성장했다. 그래서 친구와 사촌 동생에게 도움을 요청했다. 그리고 1년 동안 매장을 운영하면서 수익률이 잘 나오는지, 어느 동네에 매출이 잘 나오는지 많은 테스트를 했다. 아무래도 다른 프랜차이즈 치킨보다 인지도가 낮았으니까.

그 시간 동안 쌓은 노하우로 우리 회사는 새로운 지역에 매장을 차려도 기본적인 매출이 바로 발생할 수 있었다. 1년이라는 준비과정 동안 수많은 테스트를 진행하면서 겪은 우여곡절도 있었지만, 그 시간은 꼭 필요한 시간이었다.

일에 미친 사람은 성공한다.
먼저 할 것은 자기가 좋아하는 일을 찾는 것이다. 자기가 좋아하는 일을 미친 듯이 하면 성공이 따라온다.
최소한 일에 미친 사람들은 먹고사는 데 지장이 없다.
이때 필요한 건 열정이다. 열정이 성공을 부추기는 휘발유이다. 하지만 많은 사람이 이 사실을 모르고 포기한다.
성공이 눈앞에 있다고 믿고 일에 미쳐라!

辛

03

인사만 잘해도 반은 성공이다

내 유튜브를 보면 솔직하게 말하는 내 모습이 많이 담겨 있다. 사람들은 그런 내 모습을 보면서 '원래부터 성격이 그랬다'라고 생각하는 사람들이 있는데, 전혀 아니다. 원래 트리플 A형이었다. 장사하면서 성격이 바뀐 것이다.

장사가 안되면 내 인생이 망하는데 당연히 바뀔 수밖에 없다고 생각한다. 고객들에게 맛있게 드시라고 이야기하거나 표정이 안 좋아 보이는 고객에게는 무슨 일이 있냐고 물어보다 보면 자연스럽게 표현하는 게 늘 수밖에 없다.

나는 장사할 때나 컨설팅을 해줄 때 도저히 용납할 수 없는 사람들이 있는데, 인사를 제대로 안 하는 사람들이다. 가끔 보면 고객을 자기 아랫사람으로 여기는 사장들이 있다. 고객에게 인사를 할 때도 '나는 사장이니까'라는 생각으로 고개만 까딱 숙이며 대충 인사를 한다. 고객이 가게에 들어올 때나 나갈 때 사장이 인사만 잘해도 반은 성공한다.

내가 운영하던 매장에 왔던 고객들은 6개월 동안 내가 사장인지를 몰랐다. 내가 너무 젊어서 사장이라고 생각하지 못한 것도 있지만, 나는 전혀 사장티를 내지 않고 매장에서 제일 열심히 일했다. 그러다 보니 나를 사장의 친척이나 아니면 사장의 동생으로 생각하는 것 같았다. 그렇지 않으면 저렇게 열심히 일할 수가 없다면서 말이다. 심지어 계산할 때 잔돈이 생기면 나에게 팁으로 주던 고객들도 상당히 많았다.

고객을 대하는 이런 나의 진심이 담긴 태도는 고객 응대의 전반적인 모습에서도 드러난다. 만약 고객의 컴플레인 전화가 오면 내가 대처하는 방법은 먼저 상대방을 '사장님'이라고 부르는 것이다. 내가 먼저 "사장님 정말 죄송합니다"라고 말하는 순간 상대방의 화는 100%에서 50%까지 줄어든다.

그리고 그다음부터 할 일은 상대방의 말을 들어주는 것이다. 물론 변명이나 여러 가지 설명을 하고 싶겠지만, 꾹 참고 상대방의 말을 끝까지 무조건 들어야 한다. 아무 말도 하면 안 된다.

약수동에서 숯불 바비큐 매장을 할 때 '음식에 벌레가 들어갔다'며 전화를 한 고객이 있었다. 직접 집에 와서 음식에 뭐가 들어가 있는지 보라면서 심한 욕까지 했던 사람이다. 아직도 그때 내가 갔던 아파트 이름이 기억난다. 실제로 작은 벌레 한 마리가 들어가 있었다. 그런데 그 벌레는 내가 매장에서 단 한 번도 보지 못한 벌레였는데 종종 배달할 때 들어가는 일도 있다.

보통 이런 경우 대처 방식은 두 가지다.

"이거 저희 매장에서 들어간 게 아닌 것 같은데요?" 라고 공손하게 설명하거나 "고객님, 정말 죄송합니다"라고 말하면서 90도로 허리를 굽혀 인사하면 대부분 이해해주신다.

사장이 고객과 하는 대화와 인사는 장사할 때 정말 중요한 요소 중에 하나다. 그런데 이런 기본적인 것들을 생각보다 지키지 않는 사람들이 많다. 결국에 성공하는 사람들은 기본적인 것을 충실하게 지키고 행동하는 사람들이다.

장사는 사람을 상대하는 일이기 때문에 상대방의 이야기를 끝까지 들어주고, 먼저 좋은 말을 걸어주고, 무엇보다 진심으로 문제를 해결하려고 노력하다 보면 나중에는 그 노력이 나에게 돌아와 좋은 일이 생기기 마련이다. 무조건 잘 되는 사람들은 고객을 진심으로 대하고 인사를 잘하는 사람들이다. 그러면 6개월이 걸리냐, 1년이 걸리냐의 문제지 무조건 성공한다.

진심은 배신하지 않는다.
너무 열심히 일하다 보면 "그런다고 돈 더 주냐?"고 무시하는 사람이 있다. 성공하려면 그런 소리를 무시하고, 내 일에 더욱 최선을 다해야 한다. 아는 사람들은 나의 진심을 알아주기 마련이다.
결국에는 진심이 성공의 열쇠다!

94

辛

04

초심, 첫 마음가짐을 잊지 말아야 한다

내 옷차림은 항상 단조로운 편이다. 사계절 늘 추리닝을 입고 다니는데 여름에는 반팔에 반바지, 겨울에는 긴팔에 긴바지가 끝이다. 나도 좋은 옷이나 비싼 물건이 없는 건 아니다. 좋은 옷을 입고 비싼 액세서리를 차고 일을 안 해본 것도 아니다. 처음엔 당연히 편하게 옷을 입고 일했는데 장사가 잘되면서 나도 모르게 점점 좋은 옷을 입고, 비싼 금팔찌를 차고 출근하기 시작했다.

그러면서 언제부턴가 고객들에게 인사도 대충대충 하기 시작했던 것 같다. 항상 새벽마다 오는 단골이 있었는데 어느 날은 내게 조용히 이야기를 꺼냈다.

"사장님, 이제는 가게에 못 올 거 같아요. 미리 말해드리고 싶었어요. 사장님 변하셔도 너무 변하신 것 같아요."

처음 그 이야기를 들었을 땐 매출도 높은 상태였으니 솔직히 그 고객이 오지 않아도 괜찮다는 생각이었다. 그런데 그 고객이 가게에 더는 오지 않게 된 시점부터 점점 매출이 떨어지기 시작했다. 그런데 다른 단골들도 내가 변한 것 같다면서 비슷한 이야기를 시작했다. '내가 뭘 고쳐야 할까?' 괜히 나 때문에 점점 장사가 안되는 것 같아서 고민에 빠지기 시작했다.

문제점을 따져봤다. 장사가 잘되는 가게 중에 사장님이 금팔찌를 차고 주방에 들어가고, 사모님이 밍크코트를 입고 계산하는 가게도 있다. 그런데 나도 그런 가게는 잘 안 가게 된다. '왜 그럴까?' 곰곰이 생각해보니 금팔찌는 도마질할 때 계속 닿고, 위생적으로도 문제가 있다. 또 좋은 옷을 입고 일할 때는 옷에 뭐가 묻을까 봐 신경 쓰이고, 활동에도 제약이 있다 보니 음식에 집중할 수가 없었다.

이런 사실을 깨달은 후 나는 스스로 반성했다. 매출 1등을 달성하면서부터 나는 점점 거만해졌던 거다. 그 후로 다시 장사를 시작하던 초심으로 돌아가 원래대로 편한 옷을 입고 예전처럼 고객들에게 다시 잘했다. 겸손한 마음으로 장사를 하자 떨어졌던 매출이 다시 올라오기 시작했다.

가끔 옛날의 나처럼 주방에서 일할 때 흰 티를 입고 온다거나 머리에 왁스나 스프레이를 뿌리고 오는 사람들이 있다. 그런 사람을 보면 제대로 일을 하고, 음식에 집중할 것 같다는 생각이 들지 않는다. 주방에서는 반드시 모자를 써야 한다. 그런데도 머리에 멋을 부렸다는 건 모자 쓸 생각이 아예 없다는 거다. 마찬가지로 흰 티를 입고서는 제대로 일에 집중할 수 없다.

장사로 아무리 돈을 많이 벌었더라도 굳이 자기 가게에서 티를 낼 필요는 없다. 퇴근하고 나서 좋은 옷 입고, 좋은 액세서리를 차고 돌아다니면 된다. 내가 명품 옷을 입고 있으면 내가 명품이 된 듯한 착각에 빠질 수 있다. 그러면서 고객을 자신의 아래로 보게 된다. 그런데 이렇게 변해버린 사장의 마음가짐은 고객들도 느낀다.

또 고객들의 입장에서는 가게의 사장들이 너무 비싼 옷을 입고 있을 때 거부감을 느낀다. 그러니 내 가게에서는 절대로 초심을 잃지 말고, 가게의 음식과 고객 응대에 집중하는 것이 최고다.

부자는 거지꼴을 하고 있어도 부자다.
거지는 화려한 옷을 입고 있어도 거지다.
부자든 거지든 중요한 건 겉모습이 아닌 마음이다.
올바른 마음으로 최선의 노력을 기울여야 한다. 당장은 결과가 기대에 조금 못 미쳐도 내가 정직한 마음으로 꾸준하게 노력하면 나중에는 성공할 수 있다.

장사의 신의 뼈 때리는 한마디

Q 이제 마지막입니다.

가게 접고 막노동이라도 하려고요.

辛 너 이렇게 장사하면 싸대기 맞아야 돼!

'이거 안 하면 난 뒤져',

'이거 아니면 난 먹고살 것도, 갈 데도 없어.'

이런 마음으로 해봐.

답은 나와 있어!

예전에는 나도 아침 일찍 가게 나와서

곱창 만들고, 치킨 튀기면서

'천 원 남는 거면 안 팔아' 이랬거든?

그러면 망하는 거야.

마지막이라는 마음으로 열심히 해 봐!

辛

05

가게의 위험 상황을 빨리 알아차려라

개인적인 생각으로 프로와 아마추어의 차이는 태도라고 본다. 흔히 전문성이라고 생각할 수도 있는데 전문성은 배움과 경험을 통해서 갖출 수 있다. 포기하고 싶은 생각이나 '오늘 하루 건너뛰면 어때?'란 유혹을 참는 것, 이런 태도가 그 사람을 특별하게 만드는 것이다. 프로는 무슨 일이 있든 간에 끝까지 해내고야 마는 정신을 갖고 있다.

장사에도 프로와 아마추어가 있는데 주로 '프로 장

사꾼'에게 매너리즘이 찾아오는 시기가 있다. 대부분 장사가 안될 때 찾아온다고 생각하겠지만, 아니다. 오히려 장사가 잘될 때 매너리즘을 겪는다.

나도 매너리즘을 겪은 적이 있다. 곱창 가게를 하면서부터 손대는 것마다 대박이 났다. 그러면서 돈은 점점 더 많이 벌었다. 그런데 이상하게도 장사가 하기 싫은 기분이 들었다. 그때는 24시간을 항상 가게에서 살았는데 같은 일만 반복하다 보니 주위에 친구도 사라지고, 삶에 재미를 느끼지 못했다. 쉽게 말해서 매출은 계속 꾸준하게 잘 나왔는데 내 삶의 질은 점점 떨어지는 것 같았다.

그래서 친구의 옷 사업에 거액을 투자했다. 내가 24시간 일해서 벌 수 있는 돈보다 남한테 투자하면 시간은 절반으로 줄어들고, 이익은 두 배로 늘어날 거라는 생각으로 말이다. 하지만 그 결과는 좋지 않았다. 투자를 하고 새로운 영역으로 사업을 확장하는 과정에서 사기를 당하고 만 것이다.

결국, 여러 일을 겪으면서 장사로 돌아왔다. 문제는

다시 장사를 열심히 하니까 어느 정도 복구가 되기 시작했고, 또다시 매너리즘이 찾아온 것이다. 그때의 난 12시간만 일해도 괜찮겠다고 생각했다. 놀랍게도 그렇게 생각하고 영업시간을 줄이자마자 매출은 다시 바닥으로 곤두박질쳤다.

그때 내가 깨달은 건 이거였다.

'내가 잘된 이유는 남들보다 열심히 오래 일했기 때문이구나. 내가 계속 뛰어가지 않으면 무조건 뒤처지겠구나.'

프랜차이즈 사업을 할 때도 하루 16시간 이상 영업을 할 사람이 아니면 함께하지 않았다. 기본이 가장 중요한 법인데, 생각보다 지키기가 어렵다. 점점 지치기 때문이다. 처음에 10분 늦게 문 열다 보면 나중에 또 '10분만 늦게'란 생각으로 미루게 된다. 그런 날이 쌓이면 결국 영업시간이 엄청나게 줄어든다. 내게 특별한 능력이 있어서 잘 된 게 아니라 체력으로 기본적인 것을 지켰기 때문에 잘 됐다는 걸 그때 깨달았다.

10년 전에는 맛만 있으면 장사가 잘됐다. 요즘은 워낙 자영업자들이 많이 늘어나고, 비슷한 종류의 가게들도 많이 생겨서 맛으로만 승부 보기가 어렵다. 마케팅이 본격적으로 들어가야 한다. 여기서 중요한 건 마케팅은 완벽히 준비된 상태에서 해야 한다. 매장에서 음식이든 고객을 위한 서비스든 기본적인 것들이 완벽히 준비된 상태에서 마케팅을 해야 그 효과가 두 배로 나타난다. 잠깐 반짝 효과를 볼 수는 있겠지만, 기본적인 준비가 잘 갖추어져 있으면 두 배의 효과를 볼 수 있다.

장사를 할 때 서비스, 친절, 영업시간, 사장의 마인드, 마케팅 등 장사를 어렵게 할 만한 요소는 점점 더 늘어난다. 하지만 어떤 원인이든 일단 가게에 위험한 상황이 발생하면 똑같은 신호가 온다. 매출이 떨어지는 순간이 바로 그 순간이다. 만약 가게의 매출이 떨어지기 시작했다면, 그건 어떤 식으로든 '가게에 문제가 있다'라는 신호다.

이런 변화를 감지할 수 있는 또 다른 신호로는 만약 내 옆에 있는 가게에는 고객들이 많은데, 우리 가게에는 고객들이 별로 없거나, 우리 가게 앞을 단골들이 지나가지 않고 나를 피하는 느낌이 들 때가 있다. 따라서 사장은 이런 위험 신호를 즉각 알아차려야 한다.

일한 땀의 열매는 달콤하다.
가끔 지하철을 타면 작업복 차림에 땀 냄새가 풀풀 나는 사람들을 만날 수 있다. 얼굴을 찌푸리며 자리를 피하는 승객들도 있지만, 힘들게 일한 사람을 존경할 수 있어야 한다. 땀 흘려 일한 대가는 평온한 성공이지만, 깨끗한 옷 입고 시간을 낭비하면 실패가 기다린다.
땀 냄새는 환영하지 못하지만, 땀의 열매는 달콤하다.

辛

06

문제의 원인은 항상 나에게 있다

앞에서 했던 이야기를 조금 더 풀어서 설명해보겠다. 장사할 때 생기는 문제의 원인은 다양하다. 하지만 그 중심에는 늘 바뀌지 않는 것이 있는데 바로 '나'라는 존재다. 문제의 원인은 항상 나에게 있다고 생각하는 게 좋다.

어느 족발집에 컨설팅을 하러 간 적이 있었는데 항상 "족발 준비하는 시간이 오래 걸린다"라는 말을 입에 달고 사는 사람이었고, "그래서 오픈을 늦게 한다"라고 말하는 사람이었다. 그런데 이건 이 사람의 고집이고 핑계다.

만약 가게 오픈이 12시라면 미리 오전 10시에 나와서 준비한다면 12시부터는 장사를 할 수 있다. 하지만 핑계를 대는 사람은 12시에 가게를 나와서 준비를 하고 오후 2시에 장사를 시작한다. 그러면서 항상 장사가 안 된다고 한다. 사실 12시가 아닌 2시에 장사를 한다는 건 점심 장사를 포기하고 저녁 장사만 한다는 것이다. 이런 사람을 보면 뭐라고 할 말이 없다.

만약 하루 매출이 100만 원이었다고 가정을 해보겠다. 어느 날은 매출이 80만 원까지 떨어질 수도 있다. 하루 이틀은 괜찮다. 하지만 그런 날이 계속 이어지면 내가 문제라고 생각을 해야 하는데 보통은 주변에 물어본다.

"너도 매출 떨어졌어? 나도 떨어졌어. 언젠가는 올라가겠지."

그러면서 자기 합리화를 하게 된다. 코로나 때문에 망한 가게도 많지만, 오히려 대박 난 가게도 많다. 그런 현상을 통해서 유추할 수 있는 건 환경을 탓하기 전에 내가 할 수 있는 것부터 시도하면 된다는 말이다.

마담 순살 떡볶이 브랜드를 조언해줄 때 오전 9시부터 새벽 6시까지 영업을 해보라고 했다. 그렇게 했던 이유는 당연히 매출 때문이었다. 처음에는 35만 원을 팔았는데 한두 달 계속 늦게까지 영업하다 보니까 매출이 70~80만 원까지 올랐다. 그러고 나서는 영업시간을 줄였는데도 매출이 유지가 되더니 어느 날은 100만 원까지 매출이 나왔다. 영업시간을 또 줄였다. 그래도 매출은 더 늘어났다. 지금은 오전 10시부터 밤 12시까지 영업을 하는데도 원래 매출보다 더 늘어나 월 7~8천만 원의 매출을 유지하고 있다.

이런 사례를 통해서 내가 하고 싶은 말은 '초반에 밀어붙이지 않으면 나중에 개고생을 한다'라는 거다. 만약에 내가 원하는 매출이 200만 원이라고 가정했을 때 영업을 16시간 하든 18시간 하든 24시간이든, 날을 새더라도 그 200만 원 매출을 찍기 위해서 최선을 다하고 맞춰야 한다.

장사 초반에는 시간으로 매출을 만들고, 나중에는 시간을 줄여도 그 매출을 유지할 수 있어야 한다. 예를 들어 하루에 10시간을 영업해서 1년 동안 100명의 고객을 모을 수 있었다면, 하루에 20시간을 일해서 6달 만에 100명을 모으겠다는 생각으로 접근한 것이다. 시간으로 승부를 보는 것인데 장사 초반에 밀어붙이면 된다.

매장을 오픈했을 때 이렇게 6개월 하면 금방 자리를 잡는다. 오픈 초반에는 당연히 능력이 없는 상태니, 남들보다 오래 일하는 방법밖에 없다. 초반에 고객을 확보하면 나중에 폭발적인 반응이 일어난다. 많은 사람에게 이렇게 말해주지만, 결국 자기가 하고 싶은 대로 했다가 나중에 장사가 안되면 그때야 영업시간을 늘린다고 하는 사람들이 있다. 하지만 그때는 훨씬 더 많은 시간과 노력을 투자해야 한다. 그때는 6개월이 아닌 1년이 걸린다.

"다른 가게도 문제가 없었으니 나도 괜찮겠지. 다른 가게도 그렇게 하니까 나도 괜찮겠지"라는 생각은 버려야 한다. 본인이 하는 가게에서 생기는 문제는 외부에서 정답을 찾는 것이 아니다. 나 자신으로부터 문제를 찾고 해결해나가야 한다. 그게 가장 빠른 방법이다. 매출이 하락하는데 주변 환경은 일시적인 영향밖에 미치지 못한다. 지속해서 매출이 떨어진다는 건 내가 뭔가를 잘 못하고 있다는 뜻이다.

행동 외에는 다른 방법이 없다.
부자가 되고 싶은 소망이 강할수록 부자가 될 가능성이 커질까? 부자가 되고 싶지 않은 사람은 하나도 없다. 직접 돈 버는 행동을 해야 부자가 될 수 있는 것이다. 돈을 많이 벌고 싶다면, 부자가 되는 상상은 그만해야 한다.
바로 당장 돈을 벌 수 있는 행동을 해야 한다!

辛

07

힘든 상황에서도 잘 될 이유를 찾아라

장사를 하다 보면 분명 내가 예상한 것과 다르게 흘러갈 때가 있다. 좋은 쪽으로 흘러가서 대박이 난다면 괜찮겠지만 그렇지 않을 때가 훨씬 더 많다. 위기가 생겼을 때 대처하는 방식은 두 가지로 나뉜다. 안 되는 '핑계'를 찾으면서 계속 갇혀있는 사람과 '잘 될 이유'를 찾아서 탈출하는 사람이다.

요즘은 맛없는 가게가 없다. 맛이 없으면 애초에 살

아남지 못하기 때문에 지금까지 살아남은 대부분 가게의 음식 맛은 어느 정도 괜찮다고 보면 된다. 스시나 오마카세류가 아니고서야 대부분 끓이고 볶는 음식은 모든 베이스가 비슷비슷하다. 고추장, 고춧가루, 물엿 같은 재료를 사용한다. 압도적으로 맛있는 맛을 내기가 쉽지 않다. 두껍게 썰었는지 얇게 썰었는지 정도의 차이만 있을 뿐이다.

이처럼 대부분 가게의 음식 맛이 비슷하다고 봤을 때 마케팅이 중요하다. 마케팅은 휘발유와 같다. 대부분 가게가 비슷한 크기의 촛불이라면, 마케팅은 휘발유의 역할을 한다. 가게에 휘발유를 부어서 활활 타오르게 하는 역할을 한다. 한마디로 마케팅은 '누가 먼저 휘발유를 쏟아붓느냐'의 싸움인데 쉽지는 않다.

내가 곱창 가게를 할 당시에 주변의 장사하는 사람들끼리 의견이 분분하던 문제가 있었다. 전단지가 효율적이냐, 효율적이지 못하냐는 것이었다. 보통 1,000장을 뿌리면 주문이 2~3건 들어온다. 어떤 사람들은 어차피

해봐야 안 된다면서 전단지 뿌리는 데 드는 돈을 아끼는 선택을 한 사람들도 있었다.

나는 그 모습을 보면서 왜 시작하기도 전에 벌써 안 된다고 생각하는지 이유를 알 수가 없었다. 그래서 반대로 전단지가 잘 통하는 방법을 찾기 시작했다. 1,000장을 나눠주는데 주문이 2~3건 들어온다는 건 효율성이 떨어지는 일이 분명했다.

그때 내가 사용했던 방법은 이랬다. 주위에 배달하는 친구들이 많으니 그 친구들에게 부탁을 했다. 그릇을 찾으러 가거나 음식을 줄 때, 그때 전단지를 붙여달라고. 그러니까 이 사람이 음식을 시켜 먹을지 안 시켜 먹을지도 모르는 불특정 다수 천 명에게 전단지를 뿌리는 것이 아니라 이미 음식을 시켜 먹는 게 확실한 사람에게 전단지를 주는 것이다.

그렇게 전단지 작업을 했더니 1,000장 뿌리면 10% 정도 주문이 들어왔다. 잘 될 수밖에 없는 이유를 찾은 것이다. 물론 내가 생각한 것이 100% 다 맞아떨어질 수는 없다. 하지만 문제를 해결할 때 안 되는 핑계를 찾는 것과 잘 될 이유를 찾는 건 너무 다른 접근이다. 이왕이면 잘 될 이유를 찾자. 안 될 핑계를 찾아서는 현재 상황에서 벗어날 수 없다. 더 무기력해지고 더 깊은 수렁에 빠질 뿐이다.

변명은 독이다.
"더 나은 사람이 되려면 부지런하고, 미루거나 변명의 유혹에 속아 평범한 단계로 떨어지지 않게 하라"는 말이 있다. 모든 사람에게 필요한 말이지만, 장사할 때 반드시 잊지 말아야 할 말이다. 변명이 가게를 망하게 하는 걸 안다면 그런 변명이 필요 없도록 더 부지런해져야 한다.
장사할 때 변명은 필요 없다!

辛

08

일만 잘하는 것보다는 성실함도 필요하다

지금까지 정말 많은 사람과 함께 일을 해봤다. 모두가 다 그런 건 아니지만 함께 일했던 사람의 유형을 나누자면 두 가지였다. '지각도 안 하고 정말 성실하지만, 일을 잘 못 하는 사람'과 '예의도 없고 지각도 잘하는데, 일을 잘 하는 사람'이다. 이 책을 읽고 있는 당신에게 묻고 싶다. 만약 당신이라면 어떤 사람과 함께 일하고 싶은가?

나는 일은 잘하지만, 성실하지 못한 사람은 바로 아

웃시켰다. 이유는 하나였다. 성실하지만 일을 잘 못 하는 친구들은 2~3개월만 가르치면 누구나 어느 정도 이상의 퍼포먼스를 만들어낸다.

예를 들어 평소 인사도 잘하고, 한 번도 지각한 적 없는 사람이 고객에게 어떤 말을 건네야 할지 모를 때는 그 방법을 알려주면 된다. 이런 상황에서는 이런 말을 하는 게 좋고, 서비스를 줄 때 이런 말을 곁들이면 더 좋아할 거라면서 알려주면 그만이다.

일을 효율적으로 하지 못하면 동선을 잡아주고, 조금 더 편하고 빠르게 일할 수 있는 기술들을 알려주면 된다. 금방 따라온다. 그런데 태생이 게을러서 지각 잘하고, 예의 없는 사람들은 아무리 가르쳐도 안 된다. 사람은 고쳐 쓰는 게 아니라 바꿔 쓰는 것이다.

만리삼구 보쌈족발집 같은 경우에는 일할 때 센스가 정말 없는 편이었다. 게다가 손도 느렸다. 대신 막국수에 시판 소스도 써보고, 직접 만든 소스를 써보기도 하고, 이것저것 시도를 많이 하는 사람이었다. 그래서 좋아

했다. 센스는 없지만, 뭐라도 하나 해보려고 노력하는 편이라서. 심지어 새벽 4~6시에 나에게 연락을 계속했다. 오죽하면 이런 생각까지 했었다.

"이렇게 연락하고 준비하면, 도대체 잠은 언제 자는 거지?"

이런 사람들은 하나라도 더 챙겨줄 수밖에 없는 게 사실이다. 조금 느릴 수는 있지만 성실하지 않은 건 어떻게 할 수가 없다. 일을 잘하는 것과 성실한 것. 두 가지 다 일을 하는 데 있어서 너무 중요하지만, 하나만 선택하라면 나는 성실한 것을 선택하겠다. 물론 일을 잘하는 센스도 쉽게 배울 수 있는 것은 아니다. 어느 정도 타고나야 하는 것도 맞다.

하지만 태생부터 게으른 사람에게 성실함과 정직함은 쉽게 가르칠 수 없다는 것을 경험으로 깨달았다. 물론 가장 좋은 것은 일하는 센스와 성실함 두 가지를 다 갖춘 것이지만, 그래도 성실함이 가장 중요하고 기본적인 요소다. 일만 잘하는 게 최고는 아니다.

처음부터 끝까지 한결같은 마음을 가져야 한다. 장사를 시작하면 처음엔 꼼꼼하게 정성을 다해 일한다. 하지만 시간이 지나면 마음이 느슨해지면서 '이 정도만 일해도 괜찮겠지' 하고 풀어진다. 시간이 지날수록 더 엉망이 되기도 한다. 게을러져서 시간을 낭비한 경우에는 더욱더 그렇다.

처음이나 끝이나 같은 자세와 긴장감으로 일해야 한다. 애매하게 일을 하면 반드시 항의가 들어오고, 결국 다시 일을 해야 한다. 그만큼 비용과 시간이 더 들어간다. 그러니 처음부터 끝까지 일관되게 잘하려면 절대로 게을러지지 말아야 한다.

부자는 항상 미래를 꿈꾼다.
보통 사람들은 과거의 좋았던 점을 갈망하지만, 부자는 항상 미래를 대비하며 더 깊이, 더 넓게 보는 능력이 있다. 부자는 항상 남들이 보지 못하는 것을 먼저 본다.
꿈꾸는 사람이 부자가 될 가능성이 높다!

장사의 신의 뼈 때리는 한마디

Q 장사 잘하면서 잘 사는 방법은 뭘까요?

辛 꾸준함.

꾸준히 하는 게 기본이야!

존나 똑같은 일을 하면서도 계속 생각하고,

내가 뭘 원하는지를 잊지 말아야 해.

이런 게 정말 중요해.

그냥 시키는 일을 정해진 대로만 하고

아무것도 못 느끼면, 다음 단계가 없는 거야.

내가 왜 이렇게 해야 하고,

이럴 땐 어떻게 해야 하는지를 깨달을 때가 있어.

나는 그때 더 많은 걸 배울 수 있었고,

그다음 단계로 갈 수 있었어.

몽 말인지 알지?

辛

09

사장이 변하면 가게가 망한다

앞에서 한 번 이야기한 적이 있었다. 명품 옷을 입고 출근하고, 금팔찌를 차고 주방에 들어갔다가 고객들이 하나둘씩 가게를 떠나갔다는 이야기 말이다. 이 이야기의 핵심은 사장이 어떤 마음가짐을 갖고 일을 하는지가 중요하다는 점이다. 명품 옷과 금팔찌는 가게 일을 끝내고 본인의 취향대로 하면 그만이다. 즉 내가 어떤 마인드로 일하는지 항상 스스로 체크해야 한다.

가끔 컨설팅을 해주거나 프랜차이즈 가맹점을 내줬을 때 예전의 나처럼 태도가 변하는 사람들을 볼 수 있다. 보통 그런 경우는 장사가 안되다가 엄청나게 잘 됐을 때 바뀐다. 장사가 조금 잘 되면 "2호점, 3호점 차려야 한다"라고 이야기를 하는 경우가 있다. 그럴 때마다 나는 직설적으로 주접떨지 말라고 말한다.

홀 영업만 하던 곳에서 갑자기 배달하겠다고 했을 때도 그런 말을 했었다. 장사가 잘되면 초심을 잃고, 돈을 더 많이 벌 수 있는 방법을 생각하게 된다. 물론 돈을 더 버는 방법을 생각하는 걸 나쁘게 보는 것이 아니다. 문제는 장사를 시작할 때의 초심과 달라진다는 것이다.

홀 장사만 하다가 배달을 전문적으로 하겠다는 수제 피자집은 특별한 매력이 있지 않았다. 그 친구가 실력이 좋아서 잘 된 거라면 2~3호점 매장을 늘려가도 됐지만, 부족한 부분이 많아서 내가 신경 쓴 게 한두 가지가 아니었다.

자기 스스로는 가게의 매출을 못 만든 상황에서 내 컨설팅을 받고, 내 유튜브에서 광고가 되면서부터 매출이 올라가던 상황이었는데, 갑자기 매장을 늘리고 싶다고 말해서 직설적으로 말했었다.

“너 스스로 현재 매출을 만들었으면, 네 능력이니 사업 확장에 아무 말도 하지 않겠다. 하지만 내가 도와줬고, 또 내가 광고를 해줘서 나를 믿고 고객들이 오는 걸 잊지 말아라. 지금 장사가 조금 잘 된다고 2호점, 3호점 얘기를 하는 건 네 욕심이다. 현재 매출이 1년 정도 유지가 된다면 그때부터는 네 능력이다. 그러니까 욕심을 버려라.”

피자는 그 자리에서 바로 먹어야 맛있다. 뜨겁기 때문이다. 모든 음식은 뜨거우면 맛이 훨씬 더 좋다. 배달하는 순간 온도가 확 떨어지는데, 그렇게 떨어지는 온도 속에서도 맛을 유지하기가 어렵고, 다른 가게와의 차별성도 없다.

장사가 잘되는 비결은 하나다. 뜨거운 음식은 뜨겁게 갖다 주고, 차가운 음식은 차갑게 갖다 주면 된다. ‘피자는 뜨겁게, 냉면은 차갑게’처럼 말이다. 이게 가장 기본적인 것 같지만, 이렇게 하는 게 굉장히 어렵다.

장사하는 동안 초심을 그대로 유지하는 사람이 생각보다 많이 없다. 나 역시도 중간에 흔들렸던 적이 있으니 말이다. 장사를 시작하게 된 계기는 돈이었지만, 장사에 매력을 느끼게 된 것도 돈이었다. 지금은 계산을 카드로 하는 게 일반적이지만, 그때는 대부분 현금으로 계산했었다.

그때 당시에는 매일 현금 100만 원이 생겼다. 직장인은 한 달 뒤에 월급을 받는데, 나는 내가 그날 일한 만큼 돈을 벌 수 있었다. 그날 번 돈을 주머니에 넣고 다니면 그렇게 기분이 좋을 수가 없었다.

예전에 한 연예인이 티브이에 나와서 그런 말을 한 적이 있다. 처음 공연하고 돈을 벌었는데 그게 너무 좋아서 침대 밑에다가 넣어놨다는 이야기였다. 그 돈이 너무 아까워서 쓰지도 못하고 돈 냄새를 맡은 게 전부였단다.

가끔 초심을 잃을 것 같은 기분이 들 때면 장사를 했던 초창기를 떠올린다. 그때마다 찾아가는 곳이 있다.

예전에 내가 살던 집인데 비가 오면 당장이라도 넘칠 것 같은 지하 단칸방이다. 그 집을 보면서 생각했다. '너 열심히 안 살면 여기 다시 들어가야 해.' 항상 이런 마음으로 지금까지 살아왔다.

중요한 건, 언제나 장사를 처음 시작할 때의 초심을 잃지 않고 살아야 한다. 나는 사업 초창기, 누구보다 열심히 하루를 살아내고는 퇴근 후에 그날의 매출을 주머니에 넣던 순간. 그 두둑함과 내가 무언가를 해냈다는 성취감. 그때의 기분을 떠올리면서 초심을 잃지 않으려고 노력한다. 사장이 변하면 가게가 망한다. 초심을 끝까지 지키는 일은 쉽지 않지만, 반드시 해야 하는 일 중에 하나다.

돈 벌기 전에는 함부로 돈을 쓰지 말아라.
돈 벌기 전에 쓰지 말라는 건, 일도 안하면서 돈 벌 생각을 하지 말라는 거다. 그러니 일을 안 하겠다는 생각은 아예 하지도 말아야 한다.
일하는 사람만이 돈을 쓸 자격이 있다!

辛

10

광고비를 아껴도, 많이 써도 안 된다

많은 사람이 궁금해하는 게 하나 있다. 광고비를 얼마나 지불하는 게 좋을지다. 광고비 지불하는 걸 너무 아까워하는 사람도 있고, 또 필요 이상으로 너무 많이 지불하는 사람도 있다.

나의 기준으로 쉽게 설명하겠다. 영업 초반인지, 안정된 시기인지에 따라서 비용이 조금 다르긴 하다. 우선 초반에는 150만 원을 투자하고, 그 이후로 분석을 한다.

어떤 광고가 얼마나 효율적인지를 체크하는 것이다. 그 다음에는 매출의 7% 정도로 광고비를 맞추고, 최종적으로 매출의 4~5% 정도를 유지한다.

간단하게 말해서 만약 매출이 1,000만 원이면 광고비로 40~50만 원을 사용하는 것이다. 가게가 자리를 잡으면 안정적으로 수입이 보장되는 만큼 광고비를 줄여도 되지만, 나는 최소한 매출의 4~5% 정도는 유지하려고 하는 편이다.

무조건 매출의 4~5%를 꾸준하게 광고비로 쓰는데 그 방법을 예로 들면 이렇다.

첫째, 매출의 4~5%를 배달의민족 앱 등 광고비로 지불한다.

둘째, 배달의민족 광고에 4~5%를 유지하지 않아도 매출이 나오는 경우, 배달의민족에는 2% 정도만 광고비를 쓴다.

셋째, 나머지 2~3%는 인스타그램이나 다른 광고 매체에 지불한다.

장사할 때 제일 중요한 건 우리 가게와 음식을 알리는 일이다. '이런 음식이 있고, 이런 가게가 있다'라는 것을 고객이 알아야만 시켜 먹을 수 있다. 유명 프랜차이즈가 돈을 많이 받고 가게를 내주는 것도 이런 부분 때문이다. 즉 브랜드 파워가 있으면 '이런 음식과 이런 가게가 있다'라고 알려야 하는 수고를 줄일 수 있다. 그 수고를 줄이기 위해서 비싼 돈을 지불하는 게 바로 광고다.

장사할 때 광고는 선택 사항이 아니라 필수로 해야 하는 일이다. 한 달 동안 열심히 했는데 주문이 들어오지 않으면 광고를 다 빼야 하는 거 아니냐고 생각하는 사람도 있는데 그럼 위험해진다.

광고비 지불을 아까워하는 사람에게는 장사하지 말라고 한다. 물론 광고비를 사용했는데 효과가 나오지 않을 때 더 아까울 수밖에 없다. 지출은 계속 늘어나는데 매출은 안 나오기 때문이다. 그래도 어느 정도 광고를 유지한 상태로 여러 가지 다양한 방법을 시도해야 한다.

앞에서 말했던 것처럼 장사하고 나서 6개월 동안

남들보다 훨씬 더 많이 일하면서 많은 고객에게 빨리 가게를 알린 적이 있었다. 1년 동안 하루에 10시간씩 일해서 100명이라는 고객을 확보하는 것이 아니라 6개월 동안 하루에 20시간씩 일해서 조금 더 빨리 100명의 고객을 확보하는 것이다.

가게 오픈 초반에 늦게까지 영업을 하는 것과 광고비를 줄이면 안 되는 이유는 똑같다. 광고는 최대한 초반에 해야 한다. 처음에 영업을 늦게까지 하지도 않고, 광고비를 지출하지도 않았다가 6개월 뒤에 다시 하겠다고 하면 그때는 이미 늦었다. 오픈 초반에 하는 것보다 훨씬 더 많은 시간과 비용이 필요해진다. 골든 타임Golden time이 지났기 때문이다.

광고비를 너무 아끼거나 너무 많이 사용해도 좋지 않지만, 그보다 더 중요한 건 적절한 시기다. 가게를 오픈한 지 얼마 안 됐을 때가 모든 걸 쏟아부어야 하는 골든 타임이다.

나만의 차별성으로 돈을 벌어야 한다.

장사할 때 낮은 비용을 들여 더 많은 이익을 남기고 싶어 하지만, 그런 사람은 돈을 많이 벌지 못한다. 고객에게 '싼값에 좋은 물건을 샀다'라는 느낌을 주는 사람이 돈을 많이 번다. 요즘 코로나로 경기가 나빠 문을 닫는 식당들이 많다. 그러나 경기와 상관없이 고객들이 여전히 많은 식당도 있다. 그런 곳에 가보면 예외없이 음식 맛이 좋고, 서비스도 훌륭하다.

남들과는 다른 차별성이 있어야
돈을 많이 벌 수 있다.

128

辛

11

폐점률 0%의 노하우를 밝힌다

내가 후참잘을 운영할 때는 폐점률 0%를 기록했다. 가끔 마케팅을 잘해서 브랜드를 잘 키운 케이스들이 있다. 광고로 인해서 1년에 매장을 200개씩 내는 브랜드를 보면서 흔히 말하는 현타가 올 때가 있다.

나는 내 원칙을 지키기 위해서 사업 초반에 한 달에 하나씩만 매장을 냈다. 이후 중반에 들어서 서울 경기권, 전라도, 부산, 충청도 등 전국 각 지사가 매장을 냈지만,

그때도 무리해서 매장을 내지는 않았다.

물론 프랜차이즈를 하겠다는 사람이 없었던 건 아니다. 나도 가끔 '매장한다는 사람이 줄을 서 있는데, 나는 왜 저렇게 몇백 개씩 매장을 내지 않지?'라고 생각할 때가 있었다. 하지만 다른 프랜차이즈 매장이 문을 닫을 때 우리는 폐점률 0%인 걸 보면서 내가 추구했던 게 맞았다는 생각을 한다.

폐점률을 낮추는 가장 기본적인 방법으로 두 가지를 보았다.

첫째, 매장을 쉽게 내주지 않았다.

둘째, 열심히 일할 사람을 뽑았다.

나는 자기 관리를 잘하는 사람을 우선시했는데 대부분 자기 관리조차 못 하는 사람은 매장 관리도 못 하는 경우가 많았다. 심지어 처음 만났을 때 양말을 안 신었거나 슬리퍼를 신고 나오는 사람들도 있었는데 그런 사람은 언제나 배제했다.

간절한 건 사실 모든 사람이 다 간절하다. 돈을 안

벌고 싶은 사람이 어디 있겠는가. 또 우리는 몸을 쓰는 직업이다. 주방은 보통 좁은 경우가 많아서 움직일 때 몸집이 크면 부딪히고, 조금만 일해도 남들보다 더 많은 땀을 흘리고는 한다. 그래서 내 몸집보다 더 크면 안 된다는 기준도 있었다. 게다가 16시간씩 서 있어야 해서 체중이 많이 나가면 무릎이 버티기가 힘들다.

또 한 가지는 처음부터 매장 오픈까지 모든 과정을 함께했다는 것이다. 보통 프랜차이즈 같은 경우에는 대표가 모든 매장을 다 오픈하지 않는다. 나는 서울 경기권에서 매장 오픈을 하면 직접 가서 함께 일을 했다.

사장에게는 오히려 닭은 내가 튀길 테니 고객의 전화 주문을 받거나 인사를 하거나 카운터를 보라는 이야기를 했다. 나는 주방에서 직접 닭을 튀기면서 홀과 주방을 같이 관찰하기 시작했다. 그때 부족한 부분을 계속 알려주면서 보완하는 식으로 자리를 잡아갔다.

많은 사람과 함께 일하다 보면 그 사람들이 나를 두 가지 감정으로 바라볼 때가 있다. 좋아하는 감정과 두려운 감정이다. 나는 나와 계약을 하는 사람들에게 이런 말을 하고는 했다.

"네가 우리 브랜드 매장 운영을 하다가 마음에 안 들면 언제든지 다른 브랜드를 해도 돼. 계약 기간은 신경 쓰지 마! 그냥 하기 싫으면 나가도 돼. 그리고 만약 네가 말도 안 되는 행동을 한다면 언제든지 끝이야."

너무 단호한 내 모습을 보면서 나를 무서워하는 사람들도 있었다. 매장 운영에 대한 피드백 역시 완벽해질 때까지 계속 줬으니 그럴 만하다. 하지만 좋아하는 감정도 있었을 것이다. 점주님들이 언제 연락하든 바로 답장을 했다. 나는 '꺼지지 않는 불'처럼 점주님들보다 훨씬 더 열심히 살았다. 그런 내 모습을 보면서 점주님들은 든든하다고 생각했을 것이다.

나와 함께하는 사람들의 경조사를 챙기는 건 기본이었다. 프랜차이즈 사업을 하면서 결혼한 점주님이 서른 쌍이 넘는다. 나와 함께 일하는 사람뿐만 아니라 그 사람들의 가족까지도 챙기는 모습을 좋게 봐줬는데, 만약에 이사를 하면 티브이나 냉장고를 선물해 주기도 했었다.

나는 회사의 법인 카드를 안 쓰고 전부 내 개인 돈을 지출했는데, 회사의 월세도 아까워서 내가 매입한 건물에 회사를 상주시키고 지출을 줄였다. 다른 데 쓸데없이 지출하지 않고, 회사에서 번 돈은 전부 점주님들을 위해서 사용했다.

만약 매장을 오픈할 때 점주님이 8,000만 원이 필요한데 6,000만 원밖에 없으면, 대출을 안 끼게 하려고 나머지 2,000만 원을 빌려주면서 "이자는 안 받을 테니 원금만 갚으세요"라고 하면서 내 개인 돈으로 지원을 해줬다. 심지어 그 사람의 진짜 간절함을 느꼈을 때는 전액을 지원해준 적도 있었다.

그래서 매장을 20개 오픈하면 내 돈이 2억에서 3억 정도 깔리고 시작했다. 내가 돈을 빌려준 이유는 딱 하나였다. 그 사람들은 내 브랜드를 보고 왔겠지만, 나는 그 사람들을 내가 직접 선택했기 때문에 도와줬고, 그 사람들이 빌려준 돈을 갚을 것이라는 확신이 있었다.

그 정도 확신도 없었으면 매장을 내주지 않았을 테니까. 그들을 그만큼 신뢰했다. 그때 함께했던 사람들과는 지금까지 만나고 있다. 최근에도 3억을 빌려주고 왔다. 청약에 당첨됐다는데 안 해줄 수가 없었다. 나와 함께 워낙 열심히 일했던 사람이었기 때문이다.

내가 이룬 폐업률 0%의 비결은 이렇다.

첫째, 매장을 쉽게 내주지 않았다.

둘째, 자기 관리가 된 사람들을 뽑았다.

셋째, 간절함이 있는 사람들을 뽑았다.

넷째, 매장이 천천히 늘어나더라도 탄탄히 쌓았다.

네 가지 요소와 함께 일하는 사람들에게 때로는 두려운 사람이 되기도 하고, 때로는 좋은 사람이 되기도 한 것이 폐업률 0%로 이어졌다고 생각한다.

목숨을 걸어야 큰돈을 벌 수 있다.
노력만으로 해낼 수 있는 것은 무엇이든 목숨을 걸면
다 해낼 수 있다. 로또 당첨은 내가 아무리 애를 써도

행운이 따라주지 않으면 실현되지 않는다. 하지만 노력으로 이룰 수 있는 것은 행운이 없어도 내가 얼마나 노력하느냐에 따라 얼마든지 이루어질 수 있다.
목숨을 걸면 돈 벌기는 아무것도 아니다!

몽 말인지 알지?

누가 내게 이런 말을 한 적이 있다.

“너, 단기간에 유튜브로 떠서 대박이 났다며?”

“넌 운이 좋아서 잘 되는 거야!”

단기간에 유튜브? 아니다.

나는 유튜브를 3년 정도 해왔다.

그 3년이란 시간에 비해서

구독자와 조회수가 터진 건 두세 달 정도고.

이런 사실을 모르면서 함부로 말하는 사람들

에게 이렇게 말하고 싶다.

“반복되는 운은 실력이야!

또 반복되는 실패는 습관인 거고.”

그러니까!

자기가 가는 방향이 맞다고 생각하면

절대로 포기하지 말고 존버 해라!

기회는 반드시 오고 노력은 배신하지 않는다.

몽 말인지 알지?

辛

12

사소한 것들이 기적을 만든다

내가 예전에 한 행동 중에서 가장 후회하는 게 있다. 바로 '인정하지 않은 것'이다. 여기서 내가 말하는 인정이란, 내가 남들보다 머리가 좋지 않고 능력이 부족하다는 사실을 받아들이는 것을 의미한다. 아마 나뿐만이 아닐 것이다. 대부분 사람은 자기가 '잘났다'라고 생각한다. 예전의 나 역시 내가 잘났다고 생각했고, 거만할 때도 있었다.

어느 정도 매출이 올랐을 때, 내가 다른 사람들보다

더 일찍 나오고, 더 늦게 들어가며 영업시간을 늘려서 매출이 높게 나온다는 걸 인정하기가 싫었다. 그리고 '나도 다른 사람들과 똑같이 일하면서 더 많이 팔 수 있다'라고 생각하고, 내가 능력 있다는 걸 보여주고 싶었다. 그래서 땡땡치킨과 승부를 보려고 영업시간을 똑같이 맞췄었다.

서비스도 많이 주고 오전 11시부터 오후 2시까지 2천 원 할인 행사까지 진행했다. 그렇게 동 시간대에 싸워봤는데 결과는 어떻게 됐을까? 당연히 패배했다. 브랜드 파워를 무시할 수가 없다. 유명한 프랜차이즈들은 전단지를 뿌리지 않아도 고객이 찾아오는데, 나는 뭔가를 해야지만 사람들이 찾기 시작한다. 땡땡치킨이 문 닫은 시간에 우리 가게에서 발생하는 매출도 그런 이유 때문이었다. 오래 열려있기 때문에 매출이 발생하는 거였다.

어쩌면 예상된 패배였을지도 모른다. 땡땡치킨은 창업비용 자체가 내 브랜드보다 세 배 정도 비쌌다. 창업비용이 적은 만큼 당연히 투자를 많이 해야 한다. 그런데 이것도 인정하지 못했었다. 나는 어떤 투자도 하지 않고, 그들과 똑같은 시간에 영업해도 매출이 발생할 것으로 판단했다.

인정하면 쉬워지는데, 내가 남들보다 더 특별한 능력이 있는 게 아니라는 걸 인정하는 게 그때는 너무 어려웠다. 그런 일을 겪은 뒤로는 누군가에게 조언해줄 때가 있으면 딱 한 마디를 했다.

예를 들어 당신이 족발집을 한다면 당신이 사는 동네에서 가장 유명한 1위 족발집보다 1시간 일찍 문 열고, 1시간 늦게 문 닫으라는 이야기를 한다. 다른 거 다 필요 없이 그거 하나만 하면 된다. 이 간단한 사실 하나만 지키면 정상까지 성공할 수는 없어도 최소한 비슷한 위치까지는 성공할 수 있다. 내가 겪어봤기 때문에 할 수 있는 가장 현실적인 조언이다.

나는 사업을 알려주는 사람이 아니다. 나보다 사업을 잘하는 사람들은 많다. 난 그냥 장사를 오래 많이 해봤기 때문에 장사할 때 필요한 조언을 할 뿐이다. 장사는 사소한 것을 챙길 줄 알아야 한다.

가끔 고객들이 족발집에서 이렇게 물어볼 때가 있다.

"족발 대자는 몇 명이 먹을 수 있나요?"

그때 이렇게 대답하는 사장이 있다.

"저기 써 있잖아요. 550그램이라고."

고객은 족발 대자가 몇 그램인지 궁금해서 물어보는 것이 아니다. 기본적으로 음식을 만들어보지 않거나 마트에서 장을 자주 보는 사람이 아니라면 550그램이 얼만큼인지 감을 잡지 못한다. 고객의 질문에 '저기 써 있다'라고 대답하는 사장은 기본이 안 된 사람이다.

그럴 땐 고객 눈높이에 맞춰서 550그램은 몇 인분인지, 몇 명이 먹을 수 있는지 친절하게 설명해 주면 된다. 이런 부분만 고쳐도 매출이 몇 배는 더 늘어난다. 컨설팅했던 곳도 하루에 5개를 팔던 곳이었는데 요즘은 50~60개 정도로 주문이 늘었다.

내가 이런 이야기를 할 때마다 가끔 이런 말을 들을 때가 있다.

"누구나 다 할 수 있는 말 아닌가요?"

그럼 당신이 장사로 성공해서 지금 나의 위치까지 올라와 보길 바란다. 세상은 무조건 결과로 증명하는 것이다. 결과 없는 사람이 백날 떠들어봤자 바뀌는 건 없다. 내가 그 많은 것을 이뤄내고, 또 실패하면서 느낀 건 사소한 것이 제일 중요하다는 거였다. 그중에 가장 대표적인 생각은 지금까지도 변하지 않는다.

"배달의민족 맛집 랭킹 1위 가게보다 1시간 일찍 출근하고, 1시간 늦게 퇴근하라."

성공한 사람들의 공통점이 있다.
자기가 받는 돈보다 몇 배나 더 열심히 일하는 습관이 몸에 배어있다. 현재 받는 돈보다 더 열심히 일하는 사람은 언젠가는 더 많은 돈을 번다. 월급이 100만 원이라고 100만 원어치만 일하는 사람은 100만 원짜리 일자리에서 벗어나기 어렵다. 월급이 100만 원이지만, 300만 원어치 일하는 사람은 시간이 지나면 300만 원의 월급 이상도 받을 수 있다.
지금 받는 돈 이상으로 일하면 더 큰 돈을 번다!

辛

13

언제나 고객의 입장에서 생각해라

고깃집을 컨설팅해 준 적이 있었다. 처음 갔을 때 가장 놀랐던 건 생각보다 가격이 비싸 보였다. 모듬 한판 600그램 기준으로 35,000원이었다. 그런데 문제는 1인분 가격이 적혀있지 않았기 때문에 가격이 엄청 비싸다고 느껴지는 가게였다.

가게 앞에서 지나가는 사람들을 봤는데 '모듬 한판 중자 35,000원, 모듬 한판 대자 49,000원' 이렇게만 쓰여 있으니 그냥 비싸다고 생각하며 지나가는 것이었다. 그런 모습을 보자마자 바로 1인분 가격을 만들어서 밖에다 붙이자고 했다.

나는 가난해 봤기 때문에 비싸 보이는 가게는 잘 안 간다. 편하게 갈 수 있다고 생각되면 자주 가는 편인데 여기서 말하는 '편하다'라는 것에는 가격도 포함된다. 결국, 모듬 한판 가격이 비싸 보이는 게 문제였는데, 1인분 가격을 밖에 붙인 후로는 가격이 싸게 보이는 효과를 얻었고, 그때부터 고객들이 가게를 찾아오기 시작했다.

고객의 입장에서 생각해보면 금방 해답이 떠오른다. 사람들은 생각보다 단순하다. 1만 원짜리 음식을 시켰는데, 그 음식 퀄리티가 2만 원의 느낌을 준다면 자주 시켜 먹는다. 반대로 2만 원짜리가 1만 원짜리 느낌이 난다면 절대 다시는 시켜 먹지 않는다.

우리도 음식이든 뭐든 소비하는 고객이지 않은가? 내가 어떤 상황에서 어떤 제품을 소비했는지 생각하면 답은 쉽다. 고객의 입장에서 '이 정도면 좋아할 거 같은데?'라는 기준을 만들어야 한다. 내가 보기에는 가격이 그런 요소 중 하나였다. 나 또한 가난했던 시절을 보내봤으니까.

어떤 가게 사장들은 그 기준을 만들 때 고객의 입장보다는 가게의 입장에서 투자 대비 효율을 따지는 사람들이 있다. 돈 생각을 하기 때문이다. 물론 고객들에게 뭔가를 챙겨주면 마진이 줄어들 수밖에 없다. 만약 음식 한 개에 700원짜리를 서비스로 줬다고 한다면 100개 이상 음식이 나가면 7만 원을 지출하는 것이다.

생돈이 나간다고 생각할 수도 있지만, 그렇게 생각하면 안 된다. 내가 무언가를 소비자에게 더 줬기 때문에 주문 100건이 들어왔다고 생각해야 한다. 7만 원을 날린 게 아니라 원래보다 주문이 늘어나서 오히려 돈을 벌었다고 생각해야 한다. 만약 고객의 입장에서 무언가를 챙겨주지 않았다면, 주문은 50개밖에 들어오지 않았을 것이다.

고객의 입장에서 생각하는 건 서비스뿐만 아니라 메뉴를 결정할 때도 그대로 적용된다. 신메뉴를 만들 때 매번 하는 방법이 있다. 딱 10명을 모으는 것이다. 10명에는 호텔 음식만 먹었던 사람부터 매일 분식집만 가는 사람까지 다양하다. 일주일 동안 내가 만든 메뉴를 계속 주면서 맛이 괜찮냐고 물어본다.

처음에는 맛있는데 계속 먹으면 맛이 없을 수도 있어서 일주일이라는 시간을 둔다. 그 기간에 사람들에게 이걸 팔아도 괜찮을지 물어보고는 하는데, 항상 기준을 70%로 정한다. 80~90%가 넘으면 좋겠지만 그런 메뉴는 거의 없다. 70% 이상이 괜찮다고 생각하면 메뉴로 만드는 편이다. 내 음식 맛에 자신이 있지만, 일반 대중에게도 검증받는 것이다.

장사할 때 고객의 입장으로 생각하는 것만큼 중요한 건 없다. 항상 고객의 입장으로 생각하다 보면 내가 고쳐야 할 부분과 앞으로 어떻게 해야 하는 게 좋을지 쉽게 파악할 수 있다. 결국, 장사는 내가 만든 음식과 서비스로 고객의 마음을 사로잡는 일이다.

새로운 것은 돈이다!

오랫동안 사용해온 방법만으로는 부자가 되기 힘들다. 사람들은 항상 새로운 것에 관심을 기울인다. 마찬가지로 잘 팔리는 음식에도 참신하고 새로운 메뉴들이 많다. 새로운 것에 관심을 두고 그만큼 노력한다면 성공 가능성은 높다.
부자는 새로운 것에 항상 관심을 둔다.

제3장

돈 잘 버는 나만의 장사 노하우

149

辛

01

블랙 컨슈머, 이렇게 대응하라

가끔 장사하다 보면 블랙 컨슈머black consumer를 만날 때가 있다. 주문한 음식을 문제 삼아 피해를 본 것처럼 꾸며서 무조건 보상해 달라며 떼를 쓰는 막무가내형 고객이다. 어떤 고객은 '날 진짜 싫어해서 일부러 이러는 건가?' 하는 생각이 들 정도로 도가 지나칠 때가 있다.

음식에 날파리를 빠트리거나 스무 곳이 넘는 병원을 돌아다니면서 진단서를 받아온 사람도 있었다. 그리고는 정확하지도 않은 내용의 진단서를 내밀면서 따로 보상해달라고 한 적도 있었다. 만약 보상을 안 해주면 인터넷에 올리겠다고 협박을 한다.

이런 경우를 방지하기 위해서 우선 음식물 배상 책임보험에 무조건 가입해야 한다. 무슨 일이 있으면 보험회사에서 대부분은 배상해준다. 예전에는 보험회사 직원이 문제를 제기한 상대방을 만나 사소한 일은 10만 원까지 처리해줬다. 그러면 그 상대방은 나에게 "내가 10만 원 받으려고 이러는 거냐"면서 일주일 동안 전화를 하면서 괴롭힌 사람도 있었다.

요즘 인터넷을 보면 이런 게시물들이 많이 올라온다. 매장에서 판매하는 상품인데 리뷰를 잘 써주겠다면서 서비스로 달라거나 자신의 터무니 없는 요구를 들어주지 않았다는 이유로 별점 1점을 주는 블랙 컨슈머에 관한 이야기를 자주 볼 수 있다. 시대에 따라 행동이 조금씩 달라졌을 뿐 블랙 컨슈머는 언제나 존재했다.

어떤 유형의 블랙 컨슈머든 진상 고객을 겪는 사람

들에게 이렇게 말하고 싶다. '죄송하다'라고 말하고 바로 환불해주는 게 제일 깔끔하다는 것이다. "내 음식이 절대 그럴 리가 없다. 절대 뭐가 나올 수가 없다"며 싸워봤자 해결이 안 된다.

만약 전화로 이야기해도 해결이 안 되면 직접 찾아가는 게 좋다. 찾아가면 좋게 해결될 확률이 훨씬 높다. 하지만 대부분 일이 바빠서 찾아가지 못하는 경우가 많다. 좀 이따 가겠다고 말했는데 정신없이 일하다 보면 금방 마감할 시간이 찾아온다. 그날 간다고 했다가 못 가면 오히려 감정의 골이 더 깊어진다.

물론 안 그래도 할 일이 많은데 그 와중에 진상 고객을 상대하러 가는 게 쉬운 일은 아닐 것이다. 하지만 그런 사람들은 계속해서 괴롭힐 가능성이 높으니 아예 한 번에 잘 끝내놓는 게 좋다.

장사하면 어쩔 수 없다. 자존심이고, 논리고, 타당성이고 아무것도 중요하지 않다. 장사할 거면 '고객이 왕'까지는 아니지만, '왕처럼 대접'해줘야 한다. 안 그러면 나만 힘들다.

또 한 가지는 애초에 블랙 컨슈머가 생기지 않도록 더 신경 쓰는 것도 좋은 방법이다. 물론 막무가내 진상 고객은 피할 수가 없지만, 빌미를 제공해서는 안 된다. 진상도 자기 나름대로 타깃을 정하는 기준이 있기 때문이다. 매장이 아무리 깨끗해 보여도 어디 더러운 곳이 없는지 계속 살펴봐야 한다.

그러나 죄송하다고 이야기하고 환불 처리하는 게 가장 깔끔한 방법이라는 걸 잊어서는 안 된다. 특히 싸우려고 해서는 안 된다. 그냥 장사하면서 일어나는 '자연재해' 같은 것으로 생각하면 차라리 마음이 편하다.

자신의 감정을 다스려야 한다.
자신의 감정조차 다스리지 못하는 사람은 자기 돈도 제대로 관리하지 못한다. "현명한 사람은 돈을 심장이 아니라 머리에 둔다"라는 말이 있다. 즉 현명한 부자는 자신의 감정을 믿지 않는다는 뜻이다. 돈을 벌 때 또는 돈이 아무리 많아도 절대로 감정적으로 대해서는 안 된다.

153

辛

02

준비가 안 된 상태에서 리스크를 안지 마라

장사할 때 유행을 따라다니는 사람들이 있다. 할 줄 아는 건 거의 없는데 유명하거나 대박집이라는 말에 혹해서 장사를 시작하는 사람들. 땡땡카스테라가 그런 유행 중의 하나였다. 여러 매체에서 광고로 많이 접해봤다고 해서 몇억 주고 카페를 차린 사람들도 있다.

물론 광고를 많이 하고 있으면 초반에는 잘 될 수도 있다. 하지만 언제까지 그 상승세가 이어질 거라고는 보장할 수 없다. 브랜드의 인지도가 떨어지기 전에 가게를 팔아야 하는데 판매해야 할 타이밍을 잡지 못한 사람도 수두룩하다. 아무것도 모르는 상태에서 유행을 따라가면 흔히 발생하는 현상이다.

지금 나와 함께 일하고 있는 친구가 하나 있다. 그 친구는 원래 청주에서 고깃집을 했었다. 당시 유행하던 고깃집 브랜드였는데 매장을 차리는 데 4억이 넘게 들었다. 고깃집은 다른 업종에 비해 창업비용이 비싸다. 집기류도 비싸고, 권리금도 있고, 평수도 넓은 경우가 많기 때문이다. 그 친구가 임대한 곳이 70~80평 정도 됐다. 그 정도면 못 해도 월세가 한 달에 700~800만 원이다. 일 년에 내는 월세만 1억 가까이 되는 것이다.

일 년 동안 번 돈으로 월세 내고 인건비 주면 남는 게 하나도 없다. 오히려 밀리지 않고 지급이나 할 수 있으면 다행이다. 그 친구는 가게를 빨리 정리하고 나와 함께 일하고 있지만 빚을 5년째 갚고 있다. 그렇게 열심히 일했는데 아직도 갚아야 할 돈이 1억이나 남았다.

장사할 때 제일 중요한 건 리스크 관리다. 준비가 안

된 상태에서 리스크를 껴안을 필요가 절대 없다. 광고를 많이 하는 건 좋지만, 더는 그 브랜드가 소비자에게 관심을 받지 못하고, 이런 문제를 해결할 만한 아무런 준비가 없는 상황에서 무리해서 높은 비용으로 창업할 이유가 없다는 것이다.

직원을 쓰는 타이밍도 리스크 관리 중의 하나다. 보통은 매출이 1,000만 원이 넘어가면 직원을 채용하는데 나는 1,700만 원을 만든 후에 직원을 채용한다. 인건비를 먼저 확보해놓는 것이다. 그렇게 되면 더 높은 월급으로 더 좋은 사람과 일할 수 있다. 만약 매출이 조금 떨어지더라도 인건비를 못 주는 일은 발생하지 않는다.

그러기 위해서는 내 시간을 줄여야 한다. 매출은 확보해야 하는데 인력이 부족하니 내가 일할 수밖에 없는 구조인 것이다. 물론 건강은 상하겠지만, 나는 건강보다 돈이 중요했었다. 인건비를 주면서 스트레스받고 싶지 않았으니까.

장사하려고 마음먹었다면 최상의 경우보다는 최악

의 경우를 먼저 생각해야 한다. 잘 된다면 정말 좋겠지만, 잘되지 않았을 때를 대비한 방법도 충분히 준비해야 한다. 준비되지 않은 상태에서 리스크를 껴안으면 안 된다.

가난은 인간의 가장 큰 적이다.
정당한 일이라면, 무슨 일이라도 해서 돈을 벌어야 한다. 아무것도 안 하면서 돈 벌 생각만 하는 것은 현실도피이다. 현실도피는 자신뿐만 아니라 내 가족과 주변 사람을 불행하게 만든다.
가난해지지 않겠다고 결심해라.

辛

03

아낄 것과 아끼지 말 것을 구분해라

가끔 장사할 때 원가율(최종가에서 원가가 차지하는 비율)을 세세하게 따지는 사람들이 있다. 나는 오히려 그렇게 안 하는 게 장사에 더 도움 된다고 생각한다. 원가나 마진을 아예 계산하지 말라는 게 아니라 너무 정확하게 계산하지 말라는 뜻이다. 쉽게 말해서 장사를 하면서 아낄 것과 아끼지 말 것을 구분할 줄 알아야 한다.

아껴야 하는 건 딱 한 가지밖에 없다. 아껴야 할 것

은 잠시 후에 이야기하겠다. 딱 한 가지를 빼고는 장사하면서 아껴야 할 것은 하나도 없다. 고객에게 더 퍼주면 더 퍼줘야지 아끼는 건 안 된다. 전기세 조금 아끼겠다고 고객이 홀에서 음식을 먹는데 여름에 덥거나 겨울에 추운 건 말이 안 된다.

전기세 몇 푼 아끼다가 고객을 잃을 수도 있다. 내가 마진을 얼마나 남길 수 있을지 고민하기보다는 고객의 입장에서 이 정도면 정말 푸짐하다는 생각이 들 정도로 퍼줘야 한다. 어차피 어느 정도 이상의 매출이 발생하면 무조건 남게 되어있다.

여기서 말하는 '어느 정도'의 매출을 올리기까지 가장 중요한 게 무엇일까? 마진을 최대로 높이는 것일까? 아니다. 고객이 많이 오는 것이 가장 중요하다. 모든 음식 하나하나의 수수료를 계산하고, 인건비도 계산하고, 원가도 다 집어넣고, 배달비까지 계산하고 이러면 오히려 매출이 더 안 오른다. 소극적으로 장사를 하게 되기 때문이다.

사장이 뭔가를 하나 할 때마다 '그게 다 돈을 쓰는 거'라고 생각하면 누가 고객의 입장을 생각하겠는가? 그러니 하나씩 계산하기보다는 먼저 가게의 인지도를 쌓고, 고객들에게 좋은 인상을 심어주는 것이 훨씬 중요하다. 고객에게 아끼지 않는 것이 당장 더 많은 이익을 가져다주지 않는 것은 사실이다.

하지만 우리의 삶이 그렇듯 때로는 눈에 보이는 것보다 보이지 않는 것이 더 중요하지 않은가. 눈앞에 보이는 잠깐의 이익을 위해서 더 큰 이익을 버리는 꼴이 되어서는 안 된다. 장사는 하루아침에 부자가 되는 것이 아니라 5년~10년씩 길게 하는 것이다.

이런 사실은 내가 오랜 시간 동안 장사를 하면서 실제로 경험한 것이다. 나는 고객에게 더 퍼주면 퍼줄수록 매출이 올랐다. 그리고 어느 정도 이익이 나기 시작했을 때 투자를 시작했다. 몇 년씩 보유할 만한 좋은 기업의 주식을 사고, 배당금을 받는 형식으로 재테크를 시작했다.

차라리 돈을 모으고 싶다면 재테크를 해라. 고객에게 아끼지 말고. 고객에게 줄 걸 아껴서는 절대 돈을 모으거나 장사로 성공할 수가 없다.

이쯤 되면 궁금할 수도 있을 것이다. 그렇다면 아껴야 하는 딱 한 가지는 도대체 무엇일까? 바로 '시간'이다. 이때의 시간은 영업시간이 아니다. 여기서 말하는 시간은 '내가 굳이 하지 않아도 될 일을 하는 것'을 뜻한다. 장사할 때 모든 걸 완벽하게 준비해야 한다고 생각하는 사람들이 있는데 꼭 그럴 필요가 없다.

예를 들어 세무 업무는 세무사에게 맡기면 되고, 회계사나 가맹거래사 등 내가 굳이 시간을 쓰지 않아도 되는 것은 다른 사람에게 충분히 저렴한 금액으로 위임할 수 있다.

돈으로 시간을 아낄 수 있다면 과감해져야 한다. 필요하지 않은 곳에 사용하는 시간을 줄이고, 절약한 시간만큼 영업을 더 오래 한다거나 고객에게 더 신경 쓰는 게 훨씬 더 높은 매출을 만들어줄 것이다.

고객에게 주는 것 하나도 아껴서는 안 된다. 하지만 불필요한 곳에 사용하는 시간은 아껴야 한다. 돈으로 시간을 아낄 수 있다면 과감해져도 좋다. 세상에는 '진짜 돈'과 '가짜 돈'이 있다. 돈을 벌 때 수단과 방법을 가리지 않고, 다른 사람에게 해를 끼치면서까지 돈을 벌어서는 안 된다. 나쁜 짓으로 번 돈으로는 절대 행복해지지 않는다.

행복을 주지 못하는 돈은 '가짜 돈'이다.
내 몸을 움직이고, 내 노력을 쏟아부은 대가로 들어오는 돈이 '진짜 돈'이고, 그런 '진짜 돈'만이 나를 행복하게 만든다.
'진짜 돈'과 '가짜 돈'을 구분할 줄 알아야 한다!

몽 말인지 알지?

아~ 진짜 너어~무 좋다!

내가 컨설팅해준 사장님들이

조금씩 성장하는 모습을 보면,

난 정말로 행복하다. 웃음도 나오고.

이럴 땐 거울을 보며 한마디 하지.

'쩔었으~~~!'

그리고 다시 한번 다짐한다.

'앞으로도 어려운 사장님들의 장사가

잘될 수 있도록 유튜브를 열심히 하겠다'는.

내 영향력이 더 커져야 더 도울 수 있으니까.

그러니까, 다들 파이팅!

몽 말인지 알지?

04

최소한 5년은 버텨야 성공할 수 있다

나는 항상 목표를 정하고 사는 편이다. 내가 생각하는 성공한 삶은 목표를 설정했으면, 그 근처까지 가는 사람을 말한다. 개인적으로 욜로족YOLO(당장 삶의 행복을 추구하는 사람들)이나 파이어족FIRE(젊어서 돈 벌고 빨리 은퇴를 바라는 사람들)이라고 불리는 사람을 별로 안 좋아하는 것도 그런 이유에서다. 그렇게 살다가 한 번에 훅 간 사람들을 많이 봤기 때문이다.

많은 사람이 부자가 되고 싶어 하지만, 사실 돈이라는 건 내가 원하는 것만큼 빨리 나에게 와 주지 않는다. 많은 사람이 빨리 부자가 되고 싶어 하는데 부자가 되고 싶은 마음만큼 기다릴 줄도 알아야 한다. 수입이 생기면 옷을 사는 게 아니라 무언가를 배우는 데 사용하면서 때를 기다리고 준비해야 하는 것이다.

돈은 30대부터 천천히 벌기 시작해서 40대에 폭발적으로 벌어야 한다. 세계적인 부자 워런 버핏Warren Buffett도 50~60대에 폭발적인 돈을 벌었다. 그때부터 가진 돈이 '진짜 돈이고 재산'이다. 앞에서 자주 이야기했던 것처럼 고객에게 주는 것을 아끼지 말라는 것도 장기적인 관점에서 터득한 노하우다.

보통 무언가를 시작할 때 5년에서 10년 정도 길게 잡고 시작한다. 다른 사람들은 장사를 시작할 때 한 달 있다가 잘 돼야 하고, 6개월 있다가 잘 돼야 한다고 접근하는 경우가 많다. 그렇게 접근하기 때문에 금방 지치고 실망하는 것이다. 목표를 짧게 잡으면 작은 일에 휘둘려서 쉽게 포기할 수밖에 없다.

지난 시간을 돌아봤을 때 무언가를 금방 얻은 적이 있었는가? 나는 한 번도 내가 원하는 것을 짧은 기간에 얻어본 적이 없다. 만약 장사를 시작하고 1달이나 6개월 만에 엄청난 부자가 될 수 있다면, 세상에서 가난한 사람은 존재하지 않을 것이다.

트렌드에 민감한 업종을 선택하지 말라는 것도 비슷한 이유였다. 한때는 땡땡버거가 붐이었고, 한때는 치즈등갈비가 붐이었고, 또 한때는 룸카페가 대세였다. 하지만 요즘도 그런 곳들이 대세인가? 잠깐 할 수 있는 아이템이 아니라 5년~10년 할 수 있는 걸 선택해야 하는 것도 장기적인 관점에서 업종을 선택하는 것이다.

처음 장사를 하고 2년~3년 정도 지났을 때 진지하게 포기하고 싶었던 적이 있었다. 사람에게 배신당하고 물건값을 계속 먼저 지불하는 바람에 돈은 없었던 시절이었다. 그때 가족을 생각하면서 버텼었는데 그렇게 버티니까 7년 뒤에 후참잘이 대박을 터트렸다.

내 목표가 현재에 있다면, 포기하고 싶은 순간에 포기하게 된다. 하지만 내 목표가 멀리 있다면, 지금 당장의 하루가 좋지 못하더라도 먼 훗날을 바라보며 달려갈 수 있다. 그러니 목표를 너무 짧게 잡지 마라. 5년 정도 버틸 자신이 없다면 아예 처음부터 시작하지 않는 것도 좋은 방법이다.

노력 없는 성공은 없다.
크게 성공한 사람들을 보면, 겉으론 남들만큼만 일하고 운이 좋아 그렇게 성공한 것 같지만, 사실은 집중해서 오랜 시간 일한 결과다. 큰 성공을 거둔 사람들은 '하루 8시간 일, 8시간 수면, 8시간 휴식'의 룰을 따르지 않는다. 사실 그들은 일에 가장 많은 시간을 보내는 것이다.
큰 노력이 큰 성공을 만든다!

辛

05

가게 오픈은 신중하게 생각하고 결정해라

내가 입버릇처럼 자주 하는 말이 있다. "나는 사업가지만, 장사꾼에 더 가까워." 장사꾼과 사업가는 비슷한 것 같지만 차이가 있다. 장사꾼은 1년 안에 수익을 창출해야 한다. 하지만 사업가는 미래를 보고 달려야 해서 단기간의 수익을 기대하고 시작하면 주위 사람들이 힘들어진다. 나도 사업하기로 마음먹고 5년 동안 돈을 만져보지도 못했다.

또 사업은 혼자서 하는 게 아니라 나와 함께 해주는 직원들이 없으면 회사를 운영하기가 어렵다. 하지만 장사는 혼자서만 잘해도 성공할 수 있다. 흔히 말하는 '1인 캐리'가 가능한 구조다. 주변을 봐도 1인 매장을 하는 곳이 수두룩하다. 내가 잘하면 매장이 잘 돌아가고, 그만큼 충분한 매출도 발생한다.

내가 혼자서 오픈한 매장이 50개다. 그리고 더는 안 되겠다 싶어서 동생과 친구를 불렀고, 매장이 200개 가까이 됐을 때도 총 5명이 운영을 했다. 나와 내 친구, 내 동생, 디자이너 한 명, 경리 한 명이었다. 물론 정상적인 구조는 아니었지만, 인건비를 최대한 쓰지 않고 가맹점주님들에게 더 많은 것을 주는 게 옳다고 생각했다. 그리고 이런 구조가 유지될 수 있었던 건 내가 혼자서도 많은 것을 할 수 있는 사람이기 때문이었다.

컨설팅 영상을 찍은 사람 중에서 20대가 꽤 있는 편이다. 영상에서도 이야기한 적이 있지만, 조금만 사업이 잘되면 체인 사업도 하고, 전수 창업도 해주고 싶어 한다. 그때마다 내가 했던 말은 한 번도 변한 적이 없다.

"주접떨지 마! 그렇게 자신 있었으면, 처음에 컨설팅조차 받지 말았어야지. 1년 정도는 더 열심히 일하고, 그때 네가 하고 싶은 걸 해!"

사실 20대는 사업을 하거나 장사를 하는 시기가 아니다. 여러 사람 밑에서 일을 배우면서 레벨을 올리는 시기라고 생각한다. 이것도 배워보고, 저것도 배우다 보면 나중에 내가 무엇을 해야 하는지 조금씩 보이기 시작한다. 치킨집에 계속 있다 보면 치킨집밖에 못 한다. 한 곳에만 있지 말고 돌아다니면서 모든 것을 배워야 한다.

그렇게 20대를 보내고 나면 정말 내가 무엇을 하면 좋을지 조금씩 보이기 시작할 것이다. 30대에 내가 가장 잘할 수 있는 분야를 선택해서 시작하면 된다. 누누이 말했던 것처럼 5년을 바라보고 장사를 시작하면 35살에 어느 정도 성공을 이뤘을 것이다. 그럼 그때 사업을 하면 된다. 내가 이른 나이부터 많은 일을 하고 경험하면서 얻은 깨달음이다. 20대 때 나는 하루도 쉬지 않았다. 단 하루도.

가끔 보면 회사에 다니다가 창업을 했는데, 어떻게 할지를 몰라서 애를 먹고 있는 사람들이 있다. 이런 사람들이 성공하기까지 오래 걸리거나 결국 실패하고 헤매는 것은 애초에 장사를 너무 쉽게 보고, 편하게 생각했기 때문이다. 또 자신이 속했던 회사나 조직에서 떠나고 싶은 마음도 있었을 것이다.

하지만 현실은 냉혹하다. 장사에 대해 제대로 배운 게 없으니 다른 사람보다 시야가 좁을 수밖에 없다. 아마 오토바이조차 안 타봤을 것이다. 그런 사람들은 장사가 잘되는 매장에 갔을 때도 그 매장이 잘 되는 이유를 찾아내지 못한다. 그러니 자기 가게가 안 될 때도 왜 안 되는지 그 이유를 찾지 못한다.

이 사람들이 이런 어려움을 겪는 대부분 이유는 20대 때 장사에 대해서 배울 기회가 없었기 때문이다. 말로는 6개월에서 1년 버틸 수 있다고 말하지만, 실제로 오픈하면 한 달 만에 연락이 온다. "이게 맞는 거냐", "이대로 계속해도 괜찮은 거냐"면서.

반대로 현장 바닥부터 많이 굴렀던 친구들은 힘든

일을 하나의 과정이라고 생각한다. 20대 때 현장에서 일을 많이 해본 사람과 그렇지 않은 사람의 차이는 극명하다. 빨리 시작한다고 돈을 빨리 많이 버는 게 아니다.

만약 당신이 이미 20대가 지난 나이라면 반드시 명심할 것이 있다. 장사가 쉽고 편하다는 생각으로 가게를 오픈하지 말아라. 그리고 늦었지만, 현장 일도 많이 경험하고 스스로 충분히 준비된 상태라고 느꼈을 때 신중하게 생각하고 가게를 오픈해야 한다. 절대로 이 사실을 잊지 말아야 한다.

장사는 절대로 만만하지 않다. 빨리 장사를 시작한다고 해서 빨리 부자가 되는 건 아니다. 최대한 많은 일을 배우면서 자기 능력을 최대로 끌어올리는 일이 우선이다.

성공은 인내하는 사람에게만 온다.
성공은 날마다 반복하는 작은 노력들이 쌓인 결과물이다. 젊었을 때는 인내하는 습성이 몸에 배어야 한다. 일하는 게 아무리 고되고 힘들어도 반드시 견뎌야

한다. 그런 경험을 하면 앞으로 더 힘든 일이 있어도 다 이겨낼 수 있다는 자신감이 생길 것이다.

성공은 인내하는 사람의 당연한 결과다!

173

辛

06

장사는 공무원이 아니다

내가 잠자는 시간은 예전이나 지금이나 비슷하다. 퇴근 후 보통 아침 6시에 잠들어서 오전 10시에 일어난다. 후참잘을 운영할 때 생긴 패턴인데, 회사를 매각하고 나서도 그대로 유지하고 있다. 달라진 게 있다면, 지금 잠을 조금 자는 이유는 나를 위해서가 아니라 컨설팅 때문이다.

컨설팅 영상을 찍었던 가게 중에서 어떤 가게는 밤낮을 가리지 않고 내게 연락이 온다. 만약 내가 그 사람들에게 빨리 연락하지 않거나 답장을 늦게 보내면 그 사람들도 같이 풀어질 것 같아서 나는 일부러라도 잠을 안 자는 모습을 더 보여주려고 하는 편이다.

영상은 계속해서 찍기 때문에 어느 한 사람에게 피드백을 줄 수 있는 기한이 정해져 있다. 그 기간에는 그 사람에게 최대한 줄 수 있는 도움은 다 주고 싶어서 한 달이라는 시간 동안 영상 찍는 사람의 패턴에 나도 맞춰서 생활한다.

장사하는 이유는 저마다 다르겠지만, 많은 사람이 더 많은 돈을 벌기 위해서 장사를 한다. 그런데 많은 사람이 착각하는 게 하나 있다. 공무원과 똑같이 규칙적인 생활을 하고, 그 시간에 맞춰 일하면서 공무원보다 더 많은 돈을 벌고 싶어 한다는 것이다. 물론 공무원을 비하하는 것은 아니다. 장사는 2~3년 준비를 잘해놓으면 일하지 않아도 돈을 벌 수 있는 시스템을 만들 수 있다. 그거 하나 보고 가는 것이다.

지금 당장은 공무원보다 돈을 더 못 벌 수도 있고

더 많이 일할 수도 있지만, 장사한 지 2년이 지나 시스템을 잘 만들어 놓으면 일을 하지 않아도 월 300만 원 정도를 벌 수 있다. 그래서 장사를 하는 것이다. 정해놓은 시간에 맞춰 일하지 않아야 나중에 더 많은 돈을 벌 수 있다. 지금까지 공무원처럼 장사하면서 살아남은 사람을 본 적이 없다. 오픈하자마자 주 6일제를 추구하는 사람도 있다.

이건 장사뿐만 아니라 다른 직업을 가진 사람에게도 똑같이 적용되는 이야기다. 우리가 직장인이라고 가정해보자. 만약 돈을 더 버는 게 목적이라면 어떻게 해야 할까? 평일 저녁에도 일하고, 주말에도 출근해야 한다. 남들이 쉴 때 나는 쉬지 않고 일을 해야 돈을 더 벌 수 있는 것이다. 이걸 모르고 남들 쉴 때 똑같이 쉬면서 장사한다는 건 망하겠다는 뜻과 똑같다.

대부분은 이 과정을 견디지 못한다. 장사를 시작해서 몇 달도 못 버티고 그만둔 사람 중에서는 매달 다른 곳에서 들어 오는 수익이 있거나 집이 잘살았거나 기본적으로 돈이 있던 사람들이 대다수다. 아니면 너무 빨리 편안함을 추구한 사람들이다.

내가 컨설팅 후 장사를 잘하고 있는지 확인하는 방법은 간단하다. 배달의민족을 보면 된다. 앱을 확인해보면 지각을 하는지, 문을 일찍 닫는지, 음식 퀄리티가 낮아졌는지 다 확인할 수 있다.

나는 회사를 매각한 지금도 컨설팅 해주는 사람의 패턴에 맞춰 잠을 잔다. 현재 장사를 하고 있지 않은 나도 그런데 장사를 시작한 당신이 공무원과 똑같이 일한다는 건 말도 안 되는 일이다. 그렇게 할 거면 장사를 시작하지 않는 걸 추천한다. 장사는 공무원이 아니다.

모든 성공에는 난관이 숨어 있다.
앞으로 일을 하면서 뭔가에 걸려 넘어질 수 있다. 무슨 일을 시작하면 정도의 차이만 있을 뿐 반드시 난관에 부딪힌다. 난관에 부딪혔다고 그만두면 아무것도 이루어지지 않는다.
온종일 누워만 있으면 넘어져서 다칠 일이 없다. 하지만 근육이 없어져 다시는 일어나지 못하고, 신진대사

가 잘되지 않아 당뇨 등 많은 병에 걸릴 수 있다.

그러니 계속 앞으로 나아가라!

辛

07

진짜 바쁠 때만 브레이크 타임을 가져라

어느 순간부터 브레이크 타임break time이 대세 아닌 대세가 됐다. 요즘은 브레이크 타임이 있는 가게들을 흔히 찾아볼 수 있다. 브레이크 타임에 대한 내 생각은 이렇다. 장사가 잘된다면 브레이크 타임을 가져도 좋지만, 장사가 안 될 때는 절대 가져서는 안 된다.

장사가 잘되는 집은 맛을 유지하기 위해서 브레이크 타임이 필요할 수밖에 없다. 주문량이 상당하기 때문에 재료가 빠지는 속도도 훨씬 빠르다. 부족한 재료를 손질하든 더 좋은 컨디션으로 고객 응대를 하든 일정한 맛을 유지하기 위해서든 잠깐 쉬면서 준비하는 시간이 필요하다.

하지만 장사가 안되는 곳의 브레이크 타임은 고객을 위한 시간이 아니다. 음식을 준비하는 시간이 아니라 그저 쉬는 시간인 것이다. 그럴 때일수록 본인을 돌아봐야 할 필요가 있다. 과연 고객을 위한 브레이크 타임인지, 자기 자신을 위한 브레이크 타임인지 말이다.

만약 지금 내가 장사를 한다면 1인 식당을 할 것 같다. 월급 200만 원의 직원을 한 명 고용하려면 3.5배를 더 팔아야 한다. 매출 1,000만 원을 팔고 있다고 가정했을 때 월급 200만 원에 직원 한 명을 고용하려면 700만 원을 더 팔아야 한다. 그만큼의 매출을 만들어 낼 자신이 없다면 혼자 해야 한다.

3.5배보다 더 많이 팔 수 있을 때 직원을 쓰는 게 맞는 구조다. 즉 3.5배를 더 팔아야 수지 타산이 맞다.

여기서 또 중요하게 생각해야 하는 부분이 하나 있다. 1,700~1,800만 원을 팔면서 직원이 200만 원의 값어치를 해줬을 때는 괜찮지만, 그렇지 못하면 적자가 날 확률이 커진다. 직원이 잘못 들어오면 가게가 위로 올라가는 것이 아니라 아래로 곤두박질친다.

이런 위험을 감수할 수 있는 좋은 방법으로 키오스크kiosk(무인 단말기)가 있다. 아직 없는 곳도 많지만, 키오스크 한 대만 있어도 일이 정말 편해진다. 주문이 들어오면 만들기만 하면 된다. 결제와 주문 등 고객을 응대하는 데 들어가는 노동이 없어진다. 이게 진짜 별것 아닌 것처럼 보일지도 모르지만, 막상 장사하다 보면 정말 크게 느껴진다.

키오스크가 처음 나왔을 때 '이걸 왜 하나' 싶었는데 내가 직접 가서 키오스크로 주문받다 보니 알 수 있었다. 얼마나 유용한지. 이거 하나만 있으면 카운터를 보고, 주문을 도와주거나 고객을 응대할 때 드는 인건비 200만 원이 줄어든다. 혼자 일할 때는 무조건 키오스크를 써야 한다. 확실히 효율적이다.

가게가 잘 안 되고 있다고 생각되면 해결할 방법을 모색해야 한다. 직원을 줄이고 키오스크를 도입하든, 가게 밖에 나가서 고객에게 인사를 하든 말이다. 장사가 잘 안되는 상태에서 남들이 다 하니까 브레이크 타임을 갖는 건 그냥 '내가 쉬고 싶다'라는 소리밖에 되지 않는다. 브레이크 타임을 갖기 전에 한 번 생각해야 한다.

과연 그 시간이 고객을 위한 브레이크 타임이 맞는 건지. 혹시 나를 위한 시간은 아닌지.

게으른 사람에겐 휴식은 사치다.
성공한 사람이 "난 일에서 손 떼고 놀러 다녀" 말하면 믿지 말아라. 그 사람은 하루 20시간 일하다가 지금은 15시간 일하면서 마치 놀러 다니는 느낌인 거다.
휴식은 쓸모 있는 뭔가를 할 때 필요한 시간이다. 휴가도 일한 사람들이 누리는 거지, 게으른 사람은 누릴 필요가 없다.
성공하고 싶다면 먼저 게으름을 극복하라!

몽 말인지 알지?

장사라는 건 돈 버는 것도 중요하지만,
고객이 어떻게 반응하는지 지켜보는 것을
즐길 수 있어야 한다.
고객들이 나를 바라보는 여러 눈빛이 있다.
나를 존중하는 눈빛, 좋아하는 눈빛,
때로는 화를 내는 눈빛까지도.
고객들의 다양한 눈빛을 즐길 수 있는
마음의 여유가 있어야 해.
거기에 돈까지 벌면?
그때부턴 정말 재미있게 장사를 할 수 있어.

나는 고객이든, 누구든
누군가가 나로 인해 웃을 수 있다면,
그 사람들이 나 때문에 행복해질 수 있으면,
나도 진심으로 행복하다.
그래서 나는 오늘도 존나게 달린다!
몽 말인지 알지?

辛

08

메뉴 개발할 시간에
할 일이나 열심히 해라

시간은 누구에게나 공평하다. 더 정확하게는 '주어진 시간'은 누구에게나 공평하다. 그 시간을 어떻게 활용하느냐는 각자의 선택이다. 돈으로 시간을 살 수 있다면 과감해져도 좋다고 이야기한 것도 시간만큼 소중한 게 없기 때문이다.

가끔 그런 질문을 받을 때가 있다.

"어떻게 하면 시간을 잘 쓸 수 있을까요?"

"매장 영업을 끝내고, 내 브랜드를 발전시키기 위해서 뭘 더 하면 좋을까요?"

예전에는 잠잘 시간을 줄이고, 매장을 더 오래 운영하라고 했었다. 하지만 지금은 시대가 바뀌었다. 이 말은 영업시간을 줄이라는 말이 아니다. 주어진 시간을 효율적으로 쓰라는 뜻이다. 특히 메뉴 개발을 위해 투자하는 시간 말이다.

요즘은 퇴근하면 '그냥 자라'고 이야기를 많이 한다. 짧은 시간이라도 잠을 자는 게 필요하다. 예전에는 잠을 안 자야 돈을 버는 시대였지만, 지금은 잠을 잘 자고 푹 쉬어야 돈을 벌 수 있는 시대다. 가게 영업이 끝나면 집으로 돌아가서 지친 몸을 달래주는 게 훨씬 좋다.

영업이 끝나고 뭔가를 해보겠다며 늦게까지 추가적인 업무를 하면 다음 날 컨디션에 큰 지장이 올 수 있다. 계속 말했던 것처럼 장사는 단기적으로 접근하는 게 아니다. 오늘 하루, 내일 하루 모든 걸 다 쏟아붓는 것이 아니라 그다음 날도 생각해야 하고, 일주일 뒤도 생각해야 하는 게 장사다.

퇴근해서 쉬거나 내가 하고 싶었던 걸 하면서 시간을 보내면 되는데, 그때 메뉴 테스트를 하거나 잡다한 생각을 하는 사람들이 있다. 그건 정말 효율성이 떨어지는 일이다.

15시간을 일한다고 가정해보면 영업하는 동안 반드시 1~2시간 정도는 배달이 들어오지 않는 시간이 생긴다. 그때 테스트를 하거나 다른 업무를 하면 된다. 일할 때는 최대한 일에 집중해서 그 시간 동안 모든 걸 해결하려는 습관을 만들어야 한다.

내가 메뉴 개발에 따로 시간을 쏟지 않았던 것도 비슷한 이유 때문이다. 가끔 컨설팅하다 보면 온종일 메뉴 개발을 하느라 다른 일을 제대로 하지 못하는 사람을 볼 때가 있다. 신메뉴라는 건 누군가가 먹어줘야 한다. 누군가가 먹어야 그게 팔리기 시작하는 것인데, 자신이 만든 신메뉴를 사람들이 먹어줄 리가 없다. 아직 내 브랜드를 모르기 때문이다. 차라리 그 시간에 잠을 자라. 잠을 자고 충전하는 게 필요하다.

만약 메뉴를 만들 수 있을 만큼의 시간이 주어진다면 '상권 분석'에 더 집중하는 게 좋다. 시간은 한정적이기 때문에 내가 어느 하나에 투자할수록 신경 쓰지 못하는 부분이 생겨날 수밖에 없다. 그래서 더욱더 신경을 써야 하는 부분과 신경을 쓰지 않아야 하는 부분을 나누는 게 좋다.

메뉴 개발한다고 시간을 다 보내다가 상권 분석을 놓친 사람을 본 적도 많다. 어느 동네가 원룸이나 모텔이 많은지, 이 지역의 아파트는 서울로 출퇴근하는 사람들이 많은 곳인지 아닌지 등을 알아야 한다. 원룸이나 모텔이 많으면 당연히 새벽까지 배달을 시켜 먹을 확률이 올라간다.

또한, 서울로 출퇴근하는 사람들이 많은 아파트는 12시까지 장사를 해도 괜찮다. 굳이 새벽까지 할 필요가 없는 곳이다. 이렇게 상권 분석을 철저히 해야 한다.

하지만 상권을 파악하지도 않고 24시간 문 열어 놓은 상태로 메뉴 개발하는 사람들을 많이 봤다. 물론 노력은 칭찬받아 마땅하지만, 너무 비효율적인 접근이다. 제대로 된 상권 분석을 하면 우리 가게 문을 일찍 열어야 하는지, 늦게 열어야 하는지, 저녁에 끝내야 하는지, 새벽에 끝내야 하는지 등을 금방 파악할 수 있다.

누구에게나 시간은 똑같이 주어진다. 그 안에서 최대의 효율을 만들어내려면 선택과 집중이 필요하다. 메뉴 개발을 할 시간에 상권 분석을 하는 것이 더 좋고, 퇴근하고 다음 날 컨디션에 지장을 주면서까지 무언가를 하기보다는 그 시간에 편안히 쉬고 잠을 자는 게 더 도움된다. 그러니 당신의 시간을 올바르게 사용하길 바란다.

한 번에 한 가지 일에만 집중해라.
한 가지 문제를 끈질기게 물고 늘어지면 원하는 결과를 얻을 수 있다. 세계적인 경제학자 피터 드러커Peter Drucker는 "한 번에 두 가지 이상 일하는 사람은 오래 남아 있지 못한다"라고 말했다. 한 번에 한 가지 일에 집중하는 것이 성공으로 가는 지름길이다.
성공에는 무서운 집중력이 꼭 필요하다!

辛

제4장

장사로 새로운 삶을 시작하다

191

辛

01

통장에 200억이 찍히자 삶이 허무해졌다

고등학생 때는 내 옆으로 군인 아저씨가 지나가면 그 아저씨는 나와 나이 차이가 엄청 많이 나는 사람처럼 느껴졌었다. 그런 날이 나에게 절대 오지 않을 것처럼 느껴지기도 했었다. 실제로는 열 살도 차이 나지 않았을 텐데 말이다.

사람은 종종 자신이 경험하지 못한 어떤 상황에 대해서 과장하거나 축소해서 생각하는 경향이 있다. 학생 때는 군인 아저씨가 엄청 나이 많은 사람처럼 느껴지고, 이십 대 중반에서 바라본 서른 살은 누가 봐도 어엿한 어른처럼 느껴진다.

나도 그랬었다. 장사를 시작하고 어느 정도 자리를 잡기 시작한 뒤로 매출이 폭발적으로 늘어나면서 은퇴 생각을 안 할 수가 없었다. 그때 내가 생각했던 은퇴하기에 적절한 나이는 43살이었다. 그러면서 "43살 전에는 은퇴한다"라고 입버릇처럼 말하고 다녔는데, 그 나이를 선택한 이유는 어릴 때 바라본 43살은 정말 많은 나이라고 생각했기 때문이다.

그러나 막상 내가 나이가 많다고 생각했던 나이가 되어보니 그 나이도 별거 없다는 생각이 든다. 지금은 마흔 살도 스무 살과 똑같다고 생각한다. 내가 비슷한 나이대가 되어 지금의 위치에 도달하고 보니 '생각보다 별거 없다'라고 느낀 것이 또 있다. 바로 '돈'이다.

이 책을 쓰면서 '돈'이라는 말을 얼마나 많이 했는지 모른다. 나에게 돈은 인생에서 가장 절대적인 가치였다. 나는 돈 하나만 바라보고 지난 시간을 달려왔었다.

이미 아는 분들은 다 아시겠지만, 후참잘 회사를 200억 원에 매각했다. 원래부터 매각할 생각이 있었던 건 아니다. 주변에서 계속 회사를 매각해 달라는 요청이 있었다. 처음 그 이야기가 나왔을 때 장난이라고 생각했지만, 점점 이야기가 진지해졌다.

점주님들을 만나서 "매각하는 게 어떻겠느냐"라고 의견을 물어보고 다닐 때가 있었는데, 그때 참 고마웠던 게 "돈 많이 주면 정리하고 쉬라"는 이야기를 많이 해주셨다. 만날 때마다 힘들어 보인다는 이야기를 들을 만큼 지난 20년 동안 쉬지 않고 달렸던 게 겉모습에서부터 티가 났기 때문이다.

20년 동안 4시간 이상 잠을 잔 적이 없었고, 몸을 혹사한 대가로 점점 건강도 안 좋아지고 있었다. 그렇게 고민을 이어가던 와중에도 회사를 매각해달라는 이야기는 계속되었다. 그래서 한 번은 농담으로 "돈 먼저 가져와주세요"라고 이야기했더니 다음 날 정말 통장에 거금이 찍혀있었다.

많은 사람이 자신의 통장에 200억이 찍히면 세상을

다 가진 것 같은 기분이라고 생각하겠지만, 과연 나는 어땠을까? 한 번도 느껴본 적 없는 성취감을 느꼈을까? 이제 자유라는 생각에 몸서리치게 기뻤을까? 아니었다. 오히려 200억이 통장에 찍히고 나서 나에게 찾아온 건 우울증이었다.

회사를 200억에 매각했다는 이야기가 퍼지자 하루에 200통씩 오던 전화가 한 통도 오지 않았다. 메시지도 하루에 1,000개 이상 왔었는데 매각 후 단 한 개의 메시지도 오지 않는 게 아닌가.

그때 내가 느낀 감정은 이랬었다.

'이제 내가 필요 없구나.'

'아무도 나를 찾지 않는구나.'

내게는 그게 우울함의 가장 큰 원인이었다. 200억이 찍힌 통장을 바라보며 내가 선택한 건 집 밖을 안 나가는 거였다. 매일 보던 사람들이었는데, 나는 그 사람들과 함께 가고 있다고 생각했는데, 아무도 나를 찾지 않는다니. 6~7개월 동안 그 어떤 사람과도 연락하지 않았다.

다행히도 그런 우울감이 지금까지 이어지고 있지는 않다. 극복했던 방법은 하나다. 다시 사람을 만나는 것뿐이었다. 결국에는 사람 때문에 움직이고, 사람 때문에 살았던 나였으니 다시 사람 속으로 들어가는 길을 선택했다. 이제 막 장사를 시작하거나 장사가 잘 안되는 사람들을 찾아가 도와주고 난 뒤로는 우울증 걸릴 시간도 없이 바쁘게 지내고 있다.

그때 연락을 하지 않던 사람들과도 잘 지내고 있다. 내가 회사를 매각했다는 것에 대한 배신감을 느꼈을 수도 있고, 그 당시에는 정말 몸이 좋지 않았으니 편하게 쉬라는 뜻으로 연락을 하지 않았을 수도 있다. 하지만 회사를 매각하고 느낀 건 나한테 돈 만큼 중요한 가치가 또 있었다는 것이다.

나는 누군가가 나를 필요로 할 때 살아있음을 느낀다. 200억이라는 돈이 통장에 찍혔을 때 행복하지 않고 우울했던 것도 그것 때문이었으니까. 돈을 많이 버는 것도 좋지만, 자기 자신이 어떤 것을 할 때 살아있음을 느끼는지 아는 것도 중요하다.

나는 나처럼 돈이 삶에서 가장 중요한 가치라고 생각하는 사람들에게 묻고 싶다.

"돈 말고 또 어떤 것이 당신의 가슴을 뛰게 하는지."

부자는 꿈만 꾸지 않는다.

가난한 사람은 꿈만 꾸지만, 부자는 무조건 실천한다. 태어날 때부터 부자인 사람을 제외하고, 아무 실천도 하지 않는데 부자가 되는 사람은 거의 없다. 밭에 씨를 뿌려야 가을에 곡식을 거두는 것처럼, 실천하지 않으면 돈을 벌 수 없고, 부자가 될 수도 없다. 부자는 부자가 되기를 실천하지만, 가난한 사람은 부자가 되기를 꿈꿀 뿐이다.

부자는 한 번의 실천으로 평생 돈을 번다!

197

辛

02

유튜브를 시작하며 많은 사람을 도와주다

요즘 나는 인생의 2막을 살고 있다는 생각을 자주 한다. 아무래도 유튜브 때문이지 않을까. 요즘 들어서 나를 알아봐 주는 사람들이 많아지기 시작했다. 유튜브 영상에서는 몇 번 이야기한 적이 있지만, 나는 관심받으면 좋아하는 타입이라 이런 시선이 나쁘지만은 않다. 심지어 주식이 떨어져도 구독자나 조회 수가 오르면 기분이 좋아질 정도다.

사업을 할 때 이런 기분을 느끼지 못한 건 아니다. 사업이 커지면서 내 영향력도 같이 커졌지만, 그때보다는 주변 사람을 도와주면서 영향력을 얻는 게 더 의미 있게 다가온다. 돈은 언제든지 벌 수 있다는 생각 때문인지도 모르겠다. 사실 유튜브는 내가 생각했던 것보다 훨씬 에너지 소모가 심했다.

우선 시간이 정말 많이 들고, 신경 쓸 것도 너무 많은데 스트레스도 심하다. 사업은 보통 한 달 단위로 정산을 하지만 유튜브는 실시간으로 조회 수가 바뀌기 때문에 오히려 사업할 때보다 더 많은 스트레스를 받는다. 조회 수나 구독자 수가 바로바로 눈에 보이는 게 가장 큰 이유다. 사람들의 반응을 즉각 확인할 수 있으니 오히려 더 조심하게 되고, 더 열심히 하게 되는 것 같다.

가벼운 마음으로 시작했던 유튜브는 어느새 규모가 점점 커지고 있어서 이제는 일주일에 5일을 투자한다. 점점 '이게 맞나?' 하는 생각이 들 정도로 내 삶에서 큰 부분을 차지하고 있어서 가끔은 그런 생각도 했었다.

'나도 편하게 갈까? 사람을 좀 더 뽑아서 질문만 받을까?'

장사할 때도 비슷한 생각을 한 적이 있었지만, 편하게 일하면 티가 날 것 같았다. 물론 정말로 노력한다면 편하게 가는 것도 티 안 날 수도 있지만, 혹시라도 실망하는 사람들이 있을 것 같아서 예전처럼 몸으로 뛰고 있다. 난 아직도 몸으로 뛰는 게 더 편하다.

어떤 사람들은 유튜브로 수익을 창출하니까 그렇게 몸으로 뛰는 게 아니냐고 생각할 수도 있을 것이다. 하지만 유튜브 수익의 일부는 영상에 나오시는 사장님들을 돕고 있다. 또 촬영이라는 특성상 새벽에 해야 할 때도 있는데 어느 시간, 어느 장소, 어느 지역이든 나와 함께 해주시는 피디님과 편집자님들께 다른 곳에서 받을 수 없는 액수의 급여를 지급하고 있다.

오히려 영상의 주제인 컨설팅은 내 사비로 진행하고 있다. 이유는 단 하나다. 나도 겪어봤기 때문이다. 마케팅 비용, 인테리어 설치, 메뉴판 변경, 집기 교체 등 장사를 하면서 겪는 많은 것은 다 돈과 관련되어 있다. 이런 식으로 수정했으면 좋겠다고 이야기하면 대부분 이렇게 대답한다.

"몇 달 후에 돈 좀 모은 다음에 바꾸겠습니다."

그렇게 말하는 사람들도 사실은 알고 있다. 지금 당장 바꾸는 게 훨씬 더 좋을 거라는 걸. 지금 당장 바꾸고 싶은 마음이 없는 게 아니다. 문제는 돈이다. 지금 해야 하는데 돈 때문에 못 하는 경우를 수없이 많이 봤다.

나는 그런 사람들의 마음을 누구보다 잘 알고 있다. 나도 돈이 없어 봤으니까. 몇 달 돈을 모으고 진행하면 이미 늦기 때문에 내 사비로 지원해주는 것이다.

내가 유튜브를 하면서 가장 뿌듯했던 건 지원해준 사람이 결국 잘 됐을 때다. 컨설팅을 해주고 솔루션 과정 중에 매출이 많이 올랐다면서 연락 올 때가 많다. 그럴 때마다 성취감을 느낀다.

내 돈과 시간을 얼마나 쓰든지 다른 사람들을 돕는 과정에서 성취감과 행복을 느낄 수 있다면, 나는 얼마든지 내가 가진 것을 사용할 의향이 있다. 장사할 때나 사업할 때처럼 바쁜 날을 보내고 있지만, 이렇게 바쁜 게 싫지 않은 요즘이다.

고생 없이 부자가 되는 방법은 없다.
부자 되기가 쉽다면 누구라도 부자가 되었을 것이다.
부자가 되는 길에 놓인 고난을 극복하는 사람은 적다. 대부분은 처음부터 겁을 먹고, 그 고난을 이겨낼 엄두조차 내지 못한다. 부자는 두려워도 실행한다. 그러나 가난한 사람은 두려우면 멈춘다. 또 부자는 주어진 기회에 집중하지만, 가난한 사람은 어려운 현실에 좌절한다.
고생한 덕에 부자가 될 수 있는 것이다!

202

辛

03

기회는 찾아오는 게 아니라 만드는 것이다

아이가 걸음마를 배울 때 평균 3,000번 이상은 넘어진다고 한다. 걸음마를 하나 배우는데도 사람은 넘어지고 일어서고를 반복하면서 터득한다. 많은 사람이 나를 오해하고 있는 게 하나 있는데 후참잘이 오픈한 지 1년 만에 대박 난 회사라고 알고 있는 사람이 많다. 당연히 사실이 아니다.

매장이 200개쯤 됐을 때 많은 사람이 알기 시작했

고, 그때부터 사람들이 '대박이 났다'라고 이야기했다. 보통 사람들은 자신이 뭔가를 알게 된 시점을 기준으로 판단한다. 어느 날 갑자기 후참잘이라는 회사가 나타난 것이 아니라 밑바닥부터 조용히 올라간 것이다.

그 시점까지 올라가는 데 무려 7년이 걸렸다. 매장이 200개 가까이 되었을 때 많은 사람에게 알려졌을 뿐이다. 거기까지 올라가기 위해서 내가 얼마나 노력했는지는 이 책에 충분히 담겨있다고 생각한다.

후참잘 회사가 갑자기 잘 됐다고 생각하는 것만큼 오해하는 게 또 하나 있다. 유튜브다. 많은 사람이 갑자기 잘 됐다고 생각하지만, 전혀 아니다. 누가 내게 이런 말을 한 적이 있다.

"너, 단기간에 유튜브로 떠서 대박 났다며?"

아니다. 난 유튜브 3년 차다. 많은 사람이 모르고 있었을 뿐이지 이미 3년 전부터 유튜브를 시작했었다. 이 사실을 아는 사람은 얼마 되지 않는다. 처음에 미친 듯 열심히 2년 넘게 해왔지만, 아무도 봐주지 않았다. 2년이 넘는 시간 동안 구독자 만 명을 넘지 못했다. 회사 채널도 만들어보고, 내 채널도 만들고 이것저것 다 해봤는데 잘 안 됐다.

'내가 능력이 없나?', '하지 말아야 하나?' 정말 고민을 많이 했었다. 해도 해도 안 되니까 유튜브를 접겠다고 했을 때 연락이 왔다. 30대 자영업자 채널의 주인이었는데 "접을 때 접더라도 본인과 한 편이라도 촬영하고 접자"라고 했다.

밤 10시에 한강에서 만날 수 있겠느냐길래 떨리는 마음으로 한강으로 갔던 기억이 있다. 대단한 콘텐츠를 하지도 않았다. 그냥 하늘을 보면서 새우깡을 안주 삼아 소주를 마시고, 인생 이야기를 하기 시작했다. 첫 영상은 그렇게 한강에서 소주와 새우깡을 먹으며 함께 찍었다.

지금은 앞에 카메라가 있어도 말을 잘하지만, 그때 당시에는 어찌나 신경 쓰이던지. 어떻게 해야 할지 모르는 나를 보면서 피디님이 추천해준 방법은 하늘을 보고 이야기하라는 거였다. 그 정도로 쑥스러워하며 겨우 촬영을 마쳤던 영상의 반응은 어땠을까? 한 달 동안 아무런 반응이 없었다.

그래서 '이제 유튜브를 접어야 할까?' 싶었던 그때, 갑자기 알고리즘이 터지기 시작하더니 구독자가 하루에 3,000명씩 늘기 시작했다. 끝까지 포기하지 않고 존나게 노력했기 때문에 20만 구독자를 3개월 동안 만든 것이다. 2년이 넘는 동안 시행착오를 겪지 못했다면 지금과 같은 성공은 없었을 것이다.

사람들은 나에게 '운이 좋아서' 성공했다고 한다. 장사, 사업, 유튜브. 전부 운이 좋아서 성공했을까? 아니다. 사람들은 그냥 인정하고 싶지 않은 것이다. 장사도, 사업도, 유튜브도 잘 안 될 때 나 혼자 흘린 피눈물을 보지 못해서다.

나는 남들보다 뛰어나지 않다는 걸 이미 알고 모든 걸 시작하기 때문에 남들보다 더 많은 시간을 투자하고 노력한다. 이런 내가 정말 운으로 여기까지 왔을까? 그렇게 생각하지 않기를 바란다.

지금 지난 시간을 돌아보면 내 인생이 그렇게 운이

좋았다는 느낌을 받지 못했다. 남들보다 더 많은 기회가 나에게 찾아왔을까? 이 질문에 대한 답도 쉽게 할 수 없다. 그렇게 운이 좋고 기회가 자주 왔다면 유튜브를 한 지 3년 만에 알고리즘이 터지지도 않았을 것이고, 후참잘 매장이 200개 가까이 늘어나는 데 7년이 걸리지는 않았을 테니까.

그러나 기회가 오지 않으면, 내가 그 기회를 만들면 된다. 밑바닥부터 올라가는 것이다. 중간에 성과가 나오지 않더라도 그냥 그날 해야 하는 것을 하면서 묵묵히 버티다 보면 기회가 생긴다. 기회는 찾아오는 것이 아니라 내가 만드는 것이다.

포기하면 아무것도 얻지 못한다.
인생에는 쉽게 생각했던 목표지점이 멀 수 있고, 어렵다고 예상했던 목표가 의외로 가까이 올 수도 있다.
어떤 경우든 포기하면 아무것도 얻을 수 없다!

뭉 말인지 알지?

소비자는 존나 냉정하다.
만 원짜리 음식을 시키면서
만 오천 원의 느낌을 받아야 시켜 먹는다.
만 원짜리 음식이 만 원이거나
그 이하로 느껴진다면 주문하지 않는다.
장사하는 사람들이 너무 힘든 게 사실이다.

나한테 멋있고
전문적인 용어를 바라지 마라.
나한테 배울 건,
남들보다 더 노력해서 얻은 결과물과
소비자의 심리,
남들이 시도하지 않은 방향성,
그리고 나와 함께하는
사람들의 마음을 얻는 데 있다.

辛

04

나는 아직도 배가 고프다

유튜브에 대한 비하인드 스토리가 있다. 원래는 이름을 '장사의 신'이 아니라 '사업의 신'으로 하려고 했었다. 하지만 나보다 재무, 경영, 회계까지 훨씬 더 사업을 잘하는 사람이 많을 것 같아서 '장사의 신'으로 정했는데 돌이켜 생각해보면 이게 신의 한 수였다.

요즘도 정말 바쁜 일상을 보내고 있다. 어느 날은 회사도 매각하고 돈도 벌 만큼 벌었는데 왜 이렇게 바쁘게 지내는 걸까 싶어서 스스로에게 물어봤던 적이 있다. 그러다 찾은 정답은 '욕심' 때문이었다.

나에게는 두 가지 욕심이 있다. 하나는 돈이고, 또 다른 하나는 자아실현이다. 흔히 돈을 정말 많이 벌면 평생 일은 안 하고, 먹고 놀고 싶다고 말하는 사람들이 많다. 나 역시도 그런 사람 중의 하나였는데, 막상 내가 원하는 돈을 벌고 나니까 그 돈이 진짜로 많은 것처럼 느껴지지 않았다.

오히려 더 많은 재산이 생기면서 주변 사람들이 바뀌기 시작했고, 그러다 보니 예전에는 만날 수 없었던 재력가들과도 가깝게 지내게 된다. 그러면서 점점 돈의 개념이 달라졌다. 예전에는 엄청나게 크게 느껴졌던 돈도 요즘에는 적은 돈으로 느껴진다. 사람의 욕심은 끝이 없는 것이다.

내가 생각하기에 한 개인이 경제적 자유를 누리기 위해서는 세 가지 조건이 필요하다고 생각한다. 자동차, 집, 그리고 일하지 않아도 들어오는 소득이다. 집도 있고,

자동차도 있는 상태에서 자신이 일하지 않아도 월 300만 원씩 들어온다면 경제적 자유를 누릴 수 있다고 생각한다. 문제는 그 정도 위치에 올라갔더라도 아마 만족을 하지 못할 것이다. 욕심에는 끝이 없으니까.

또 다른 욕심은 자아실현이다. 사업을 하면서 스트레스받았던 것도, 그리고 지금 유튜브를 하면서 힘든 것도 사실 '사람' 때문이다. 하지만 내가 살아있음을 느끼고, 가슴이 뛰는 것도 역시 사람 덕분이다. 장사가 안 되면 안 된다고, 장사가 잘되면 직원을 못 구해서 힘들다고 하소연하는 일이 빈번하다.

솔직히 말해서는 그런 이야기를 듣고 한 귀로 흘려도 되지만 내 성격상 그게 안 된다. 결국, 내가 가서 도와줘야 한다. 인력관리뿐만 아니라 어떤 일이 생길 때마다 가서 도와주게 되는 것이다. 그런 일이 나를 지치게 할 때도 많지만, 그럼에도 불구하고 계속 사람 사이에서 발로 뛰어다니는 건 나로 인해서 누군가의 삶이 조금이라도 바뀌는 모습을 보는 게 행복하기 때문이다.

일종의 자아실현이다. 내 영향력이 누군가에게 닿는 모습을 볼 때면 가슴이 두근거린다. 요즘 그래도 유튜브를 열심히 했더니 코로나 시기에 어려움을 겪고 있는 외식업에 조금이나마 힘이 되는 것 같아서 뿌듯할 때가 많다. 요식업에 안 좋은 편견이 있는 사람들의 인식도 조금씩 바뀌고 있는 것 같다.

이러는 걸 보면 아직도 나는 배고픈 것 같다. 여전히 하고 싶은 일이 너무 많다.

인내로 성공하는 사람이 있다.
인내란, 힘든 일을 마치고 녹초가 된 상태에서도 또 다른 힘든 일을 하는 것이다. 남들이 다 안 된다고 말해도, 실패가 확실해 보이는 것일지라도 목숨을 걸고 인내하면 해낼 수 있다. 자신을 성공으로 이끌어주는 도움을 받기도 한다.
인내는 성공의 필수요소다!

辛

05

누군가를 도와주면서 삶의 의미를 찾는다

사람들에게 종종 받는 질문이 있다.

"대표님은 어떤 직원이 가장 기억에 남으시나요?"

그동안 정말 셀 수 없을 정도로 많은 사람과 일을 했다. 유독 아픈 손가락도 있었고, 예전의 나를 보는 것 같은 사람도 있었다. 물론 다시는 보고 싶지 않은 사람도 있다. 기본적으로 나와 함께하는 사람들은 다 잘 됐으면 좋겠다고 생각했기 때문에 최대한 많은 사람을 챙기려고 했었다.

그래도 다행인 것은 후참잘 회사를 운영할 때 함께 했던 점주님들은 대부분 돈을 많이 벌었다. 장사를 통해서 번 돈으로 집을 사고, 차도 사고, 결혼하는 모습을 보면서 얼마나 뿌듯했는지 모른다.

그래도 굳이 가장 기억에 남는 사람을 뽑자면 두 명이 떠오른다. 한 친구는 제대로 키워보고 싶다는 생각이 들 만큼 일을 열심히 하는 친구였다. 그런데 어느 날, 티브이를 보면서 같이 짜장면을 먹고 있었는데 갑자기 잠을 자는 게 아닌가. 일이 너무 바빴으니 피곤해서 그럴 수도 있겠다는 생각을 했었다.

하지만 배달을 하러 가면 갑자기 연락이 안 될 때가 종종 있었다. 알고 보니 그때도 잠이 들어서 연락이 안 된 거였다. 피곤한 것 이상으로 갑자기 잠이 들고, 그 모습이 위험하다고 느껴질 정도로 심각해 보이길래 진지하게 이야기를 나눠봤는데 내가 예상한 것과는 달랐다. 단순히 피곤한 것이 아니라 기면증이란다.

그 친구는 내가 정말 도와주고 싶었는데 어떻게 할

수가 없는 상태였다. 갑자기 잠이 드는 건 내가 도와준다고 해서 도울 수 있는 영역이 아니었으니까.

또 한 친구는 장사를 정말 잘하는 친구였다. 내 어릴 때 모습을 보는 것 같을 정도로. 조금 더 애정이 갈 수밖에 없었고, 다른 매장들보다 더 신경을 많이 쓰기 시작했다. 그런데 그 친구는 내가 신경을 써서 하는 말이 단순한 잔소리라고 생각한 것 같았다.

진심으로 '잘 됐으면 좋겠다'라는 마음에 계속 피드백을 줬었는데 어느 순간부터 나를 피하는 게 느껴졌으니까. 그런 모습을 보면 나도 상처받고 섭섭하다. 그 후 알아서 하게 내버려 두는 게 좋을 것 같아서 나도 연락을 하지 않았다.

유튜브에서 컨설팅이라는 말을 많이 쓰긴 하지만, 사실은 그냥 잔소리다. 전문적인 지식으로 설명하는 게 아니라 내가 잔소리를 해서 그 사람이 변할 수 있다고 생각한다. 보통 스무 살이 넘어가면 자신에게 잔소리를 하는 사람이 거의 없다.

학생 때는 지각하거나 수업 시간에 잠을 자거나 공부를 안 하면 부모님이나 선생님이 지적을 하는데, 성인이 되면 그런 일이 확 줄어든다. 장사는 사소한 것 하나부터 다 바꾸는 일이기 때문에 잔소리하는 것만으로도 한 사람의 삶이 바뀔 수 있다.

물론 내가 잔소리를 했다고 해서 100% 모든 가게가 다 성공하는 건 아니다. 나뿐만 아니라 나와 함께하는 사람의 의지도 중요하기 때문이다. 그런 과정에서 상처도 많이 받고, 몸도 지칠 때가 많았지만, 그런데도 계속 이런 일을 하는 건 누군가를 도와줄 때 내 삶이 더 빛나기 때문이다.

내가 1억을 벌었을 때 느끼는 기쁨보다 내가 도와준 사람이 1억을 벌었을 때가 훨씬 더 기쁘다는 것을 요즘 들어서 뼈저리게 느끼고 있다. 이제 나는 돈을 버는 것보다 남들을 도와줬을 때 느끼는 뿌듯함이 훨씬 더 중요해졌다.

부자가 되고 싶다면, 부자가 될 사람과 어울려라.
어려움을 함께 극복한 사람들만 성공의 열매를 나눌 수 있다. 하지만 부자를 돕는다고 해서 모두 부자가 되는 건 아니다. 부자가 되기 전, 어렵고 힘들 때부터 그를 도우면서 함께한 사람이 수혜자가 될 수 있다.

217

辛

06

내 영상에 나온 사람들은 바보가 아니다

유튜브를 시작하고 메시지를 엄청 많이 받는다. 그중에서 이런 내용의 메시지가 가장 많다.

"저도 형처럼 대학 안 가고 장사할래요."

그런 메시지를 받으면 잘할 거라는 생각보다는 걱정부터 든다. 나는 장사를 시작하겠다고 메시지를 보내는 그 어린 친구들이 나처럼 할 수 있다고 생각해본 적이 없다.

'너무 힘든 시간이었는데, 과연 다른 사람이 나처럼 버틸 수 있을까?'

내가 힘들었다는 걸 말이나 글로 이야기하기 때문에 제대로 전달되지 못했을 것이다. 자그마치 20년이다. 갓 태어난 아이가 성인이 될 때까지의 긴 시간이다. 그 긴 세월 동안 나는 미친 듯이 일만 하면서 지냈다. 의자에 앉아서 잠자는 거? 일부러 불편한 자세로 잠자는 거? 집에 안 가고 가게에서 잠자는 거? 하루에 20시간씩 일한 거? 아마 누구라도 며칠만 그렇게 해봐도 몸이 부서지는 느낌이 들 것이다.

그런데 그걸 요즘 친구들이 한다고? 나에게 메시지를 보내는 친구들이 많아진 건 영상을 통해서 본 내 결과물 때문이다. 젊은 친구들이 보는 건 딱 하나다. 결국에는 결과다. 내가 말하는 것을 그대로 듣는다. 그래서 돈을 많이 벌었는지가 제일 중요하다. 영상에서 내가 그동안 얼마를 벌었는지를 간접적으로나마 느낄 수 있어서 내 이야기를 듣는 것이다.

유튜브에서 다루는 콘텐츠의 주된 내용이 컨설팅이다 보니까 그런 오해를 살 때가 있다. 내가 주변 사람들에게도 장사하는 걸 추천한다고 생각하는 사람들이 있다. 오히려 나는 능력이 없는 사람들에게 장사하라는 이야기를 안 한다. 능력 안 되는 사람이 장사를 시작하면 결국 주위 사람 모두가 피곤해진다. 특히 어릴 때 장사를 시작하면 훨씬 더 위험하다.

만약 이 책을 읽고도 20대에 장사를 시작하려는 사람이 있다면 첫 페이지부터 다시 읽기를 바란다. 계속 이야기했던 것처럼 20대 때는 많은 업종에서 일하면서 경험을 하고 배우는 시기다.

영상에 출연한 사람들이 가끔 실력도 없고, 센스도 없는 것처럼 보이기 때문에 자기가 장사해도 잘 될 것으로 생각하는 젊은 친구들이 있다. 큰 착각이다. 영상에 나오는 사람들은 바보가 아니다. 장사가 잘되든 안 되든 버티면서 나름대로 수많은 개발을 했던 사람들이다.

대부분 버티는 것조차 하지 못하는데 그렇게 버텼다는 건 내공이 있다는 이야기다. 그런 상태에서 내가 불을 지피고 휘발유까지 부었기 때문에 잘 된 것이지 애초에 아무런 내공도 실력도 없는 사람이 하루아침에 장사가 잘된 것이 아니다. 그리고 그 내공은 현장에서 일하며 경험을 쌓을 때 가장 잘 터득할 수 있다.

20대에는 다른 사람 밑에서 많이 배워라. 장사는 30대에 시작해도 절대 늦지 않는다.

모든 결과에는 원인이 있다.
원인 없는 결과가 없는 것처럼, 부자인 사람은 그만한 원인이 있고, 가난한 사람은 그럴 만한 원인이 있다.
만약 지금 어려운 상황이라면 원인과 결과의 관계를 생각해봐야 한다.
좋은 원인에는 좋은 결과가 생길 수밖에 없다!

몽 말인지 알지?

내가 장사와 사업을 하면서 느낀 점은
직원 50명 이하 회사는
대표가 어떤 사람이냐,
어떤 능력을 가지고 있느냐,에 따라서
회사의 흥망성쇠를 결정할 수 있다.
작은 회사일수록 직원들 하나하나
신경 쓰지 않으면 오래가지 못한다.
그러니 명심해라.
장사를 하든, 사업을 하든
위기는 '사장 놀이'할 때,
그때 찾아온다.

에필로그

내 인생에서 한 번쯤은 책을 써보고 싶었다. 과연 '나처럼 힘들게 산 사람이 있을까' 싶었다. 많은 책에 다들 힘들게 살았다고 쓰여있는데, 사실 그런 이야기를 믿지 못했었다. 그때 당시 내 마음에 여유가 없었던 걸 수도 있고, 내가 정말 도움받고 싶은 순간에 도움을 주는 사람이 없어서 그렇게 생각했을 수도 있다.

나처럼 밑바닥에서 대학교도 안 다닌 사람이 통장

에 200억 원이 찍힐 때까지 겪었던 과정을 잘 풀어내면, 많은 부모님이 자식들에게 공부하라고만 강요하지 않을 수 있지 않을까? 장사를 시작하고 싶은 마음은 있는데 아무것도 모르는 아이들에게 이 책이 도움이 될 수 있지 않을까? 그런 생각이 가장 컸다.

가끔은 공부에 대한 미련이 남을 때가 있다. 만약 내가 더 많은 지식을 습득했다면 똑같은 시련이 생겼을 때 조금 더 빨리 일어날 수 있었을 것이다. 경영이나 재무, 회계를 제대로 배웠다면 몇천억을 벌었을 수도 있다.

하고 싶은 말이 한가득할 때 조금 더 지식이 많았다면 자세하게 설명해 줄 수 있었을 것이다. 멋진 비유도 하면서. 하지만 지금은 표현하고 싶은 것들을 압축해서 '몽 말인지 알지?'라고 말하는 게 전부다.

지난 시간을 돌아보면 치열하고, 또 치열하고 매일 전쟁 같았지만 그래도 결국 내가 원하는 삶을 이뤄냈다. 지금 삶을 만족하냐고 물어본다면 한 치의 오차도 없이 그렇다고 대답할 것이다. 내가 원하는 경제적 자유를 얻었고, 다른 사람을 도와주면서 삶의 의미까지 느끼고 있으니까.

지금 누군가가 장사를 시작하려고 하는데 내가 그동안 했던 행동을 그대로 따라 한다고 하면 난 그 사람을 말릴 것이다. 나처럼 하는 건 나로 끝나야 한다. 20년 동안 고생했는데 그걸 그대로 다른 사람이 겪게 할 수는 없다. 내가 고생하면서 겪은 노하우를 알려주면 조금 더 빨리 성공할 수 있다.

유튜브 영상으로도 설명하고 있지만, 그런 노하우를 책에도 담으면 더 많은 사람에게 지름길을 알려줄 수 있을 것으로 생각했다. 그래서 이 책을 썼다.

나는 20년 전만 해도 중국집에서 배달하며 피자와 칼국수도 배달하고, 주유소에서 기름을 넣고 있었다. 그렇게 20년을 미친 듯이 노력하니까 내 삶이 완전히 바뀌었다. 지금 이 자리까지 나를 만들어준 건 남들보다 훨씬 노력했던 것, 그거 하나밖에 없다.

중국집 배달하고, 주유소에서 기름을 넣던 나도 해

냈으니, 당신도 도전해봐도 괜찮다. 용기를 가져봐라. 당신도 할 수 있다. 나처럼 20년을 버티면 어디에 가서 무엇을 해도 기본 이상은 한다. 만약 지금 가진 게 없어도 괜찮다. 다만 부자처럼 보일 생각은 하지 말고, 진짜 부자가 될 생각을 해라.

나도 해냈으니 당신도 반드시 해낼 수 있을 것이다!

辛

부록

대박난 가게의 비결,

장사의 신의 컨설팅 이야기

229

— 辛 —

01

벅벅

어느 날 메일 두 줄이 왔다.

"종로에서 수제버거를 하는 '벅벅'입니다. 장사가 너무 안됩니다. 한 번 찾아와주시면 감사하겠습니다."

보통은 메일을 길게 쓰는 편인데 이 친구는 성의 없이 딱 두 줄만 보냈다. '뭐 하는 사람일까?' 싶어서 통화를 해봤는데 사람은 착한데 글솜씨가 없는 것처럼 느껴졌다. 직접 만나는 게 좋을 것 같아서 매장으로 찾아갔다. 역시나 전화에서 느껴지던 그 모습 그대로였다. 종일 땀을 흘리고 있고, 고객은 없으니 천장을 바라보면서 멍하게 앉아있는 게 전부였다.

조금 짠한 느낌이 들 정도였다. 언제나 그렇듯 간단한 이야기가 끝나면 바로 메인 메뉴를 먹어본다. 햄버거가 맛있는지가 제일 중요하니까 우선 먹어보고 이야기를 이어가는 게 좋다고 생각했다. 2층으로 올라가서 햄버거를 먹었는데 한 번에 느낌이 왔다.

'이건 무조건 된다! 진짜 맛있다. 매출은 반드시 오를 것이다.'

"힘들어도 포기하지 말고 영상이 나간 후에 다시 이야기를 해보자"라고 마무리 지었던 가게다. 그런데 영상이 업로드된 이후로 매월 매출이 500~1,000만 원씩 올라가고 있다. 그리고는 고마웠는지 내게 '너무 감사하다'면서 일이 끝난 새벽에 우리 집 앞까지 찾아와서 재킷을 선물로 주고 간 적이 있다.

어느 날은 자기 어려운 가정사를 속시원하게 얘기

하면서 대출받은 거 때문에 미친 듯이 일해야 하는 자기 상황을 털어놓았다. 그러면서 앞으로도 열심히 일하겠다고 말했다.

그 말을 들은 나는 이렇게 대답했다.

“형이 앞으로 햄버거집은 안 찍을게. 네가 빚 다 갚을 때까지.”

내 유튜브 영상에는 같은 음식이 겹칠 때도 있었지만, 이 친구를 돕고 싶은 마음에 한 약속이었다. 그래서 햄버거 광고가 들어왔는데도 안 찍을 정도였다.

가끔 사람들이 벅벅이 잘 된 이유를 물어보는데 사실 엄청난 노하우나 기술이 있지는 않다. 잘되는 이유는 딱 하나다. 재료를 아낌없이 넣는다. 정말 고객들한테 퍼준다는 게 딱 맞는 표현일 정도로 재료를 아끼지 않는다. 너무 당연하지만 많은 사람이 지키지 않는 그 한가지를 잘 지키고 있기 때문에 잘 되는 거라고 봐야 한다.

TIP

수제버거는 패티가 생명이다. 벅벅이 다른 곳과 다른 점은 야채를 넣지 않은 것이다. 모든 수제버거에는 야채가 들어간다. 결국 야채를 넣으면 똑같아질 수밖에 없고, 가격 또한 올라간다. 야채를 넣지 말고 그 가격을 그대로 유지하는 게 더 유리했다.

순수익

솔루션 전: 마이너스 200만 원

솔루션 후: 플러스 1,000만 원

233

— 辛 —

02

돼통령

오픈한 지 두 달밖에 안 된 가게에서 메일이 왔다. 그것도 엄청나게 길게 메일이 왔다. 컨설팅 문의는 많이 오지만, 갈 수 있는 곳은 한정적이다 보니 신중하게 선택하게 된다. 네이버에서 매장 사진을 보니 음식이 엄청 맛있어 보였다.

솔루션을 할 수 있을지는 모르겠지만, 음식이 맛있어 보이니 일단 가보자는 심정으로 찾아갔다. 월세가

440~500만 원에 가까운 매장이라 힘들 수도 있겠다는 생각이 들었다. 그런데 음식을 먹어보니 맛이 너무 좋아서 영상으로 남기면 좋겠다 싶어서 촬영했다.

문제는 집에 와서 영상을 다시 보니까 그 친구들의 간절함이 부족해 보였다. 다른 친구들은 엄청 간절한데 그 친구들만 간절함이 부족한 듯한 모습을 보여주는 게 과연 컨설팅에 도움이 될까 싶어서 영상을 재촬영하기로 했다. 일주일 뒤에 다시 찾아갔는데 이번에는 영상을 찍기 전에 먼저 말했다.

"이번에도 영상을 찍었는데 감동을 줄 수 있는 내용이 없으면 영상을 안 내보낼게."

그렇게 다시 찍은 영상은 마음에 들어서 업로드했다. 워낙 메뉴가 잘 나왔으니 업로드를 하자마자 계속 웨이팅이 이어졌다. 잘 된 이유는 음식 퀄리티가 높았기 때문이다. 비주얼도 좋았고, SNS 감성도 있었다. 그리고 가장 중요한 건 음식값이 저렴하다.

다시 재촬영하러 갔을 때 놀랐던 건 처음 갔을 때 줬던 피드백을 기준으로 많은 것이 바뀌어져 있었다. 뺐으면 좋겠다고 한 소스는 빠져있었고, 1인분 메뉴를 만들면 좋겠다고 한 메뉴는 정말 1인분 메뉴를 만들어서 팔고 있었다. 내가 준 피드백을 빨리 수용하는 것도 성공할 수 있었던 비결 중에 하나다.

TIP

고기를 다 구워준다. 고객이 직접 구워서 먹는 게 더 좋지 않을까 생각했었는데, 사장이 고기를 진짜 잘 굽는다. 여기 메리트는 사장 손가락이 부러질 때까지 고기를 굽는 것이다. 사람을 바꾸지 말고 네가 평생 고기를 구워야 한다고 말하고 왔다. 사장이 고기를 구웠을 때가 제일 맛이 좋았다.

월 매출

솔루션 전: 1,700만 원(순이익 마이너스)
솔루션 후: 7,500만 원(순이익 1,500만 원 이상)

236

— 辛 —

03

샐피

'벽벽'은 메일을 두 줄을 보냈고, '돼통령'은 메일을 정말 길게 보냈다. 그리고 샐피는 메일을 6통 정도 연속으로 보냈던 친구다. 진짜 장사가 안돼서 이러는 건가 아니면 나를 열 받게 해서 오게 하려는 전략인 걸까 싶을 정도로 메일을 많이 보냈다.

컨설팅하러 가면 대부분 고객이 한 분도 없다. 샐피도 마찬가지였다. 혼자 벽을 쳐다보면서 반죽하고 있었다. 음식은 맛있었는데 신라호텔에서 일을 배웠던 사람인지라 자신만의 가치관이 뚜렷했다. 영상을 찍으면서 느낀 건 그 가치관만 좀 꺾어주면 잘 될 듯싶었다. 맛은 기본적으로 좋았으니까.

그때부터 장사가 잘되고 싶으면 내 말을 한 달만 무조건 들어보라면서 피드백을 주기 시작했다. 제일 먼저 바꾼 건 피자의 간이었다. 피자가 너무 짠 편이었다. 원래 정통 피자는 샐피처럼 짠 게 맞지만 여기는 한국이다. 한국인 입맛에 맞게 바꿀 줄도 알아야 한다.

신라호텔에서 일을 배웠던 사람에게 피자에서 가장 중요한 소스를 바꾸라고 하는 건 그의 가치관을 꺾는 일이다. 다행히도 내 말을 들어줬다. 소스의 간을 그 전보다 연하게 한 것밖에 없는데 장사가 잘되기 시작했다. 음식에서는 간 외에는 별로 고칠 게 없었던 사람이기도 하다.

TIP

이 집은 배달을 하면 오히려 마이너스 요인들이 드러난다. 안 그래도 수제 피자라 식으면 더 짠맛이 강해지기 때문에 홀에서 팔았을 때 빛을 더 볼 수 있는 음식이었다. 차라리 배달할 시간에 홀에 더 신경을 써서 줄을 세우는 전략을 택했다. 배달을 많이 하면 오히려 매장에 찾아오는 고객이 줄어든다.

월 매출

솔루션 전: 800만 원(순이익 마이너스)

솔루션 후: 5,500만 원(순이익 1,500만 원)

—辛—

04

만리삼구 보쌈족발

“맛없으면 문을 닫겠습니다.” 앞에서 이야기한 적이 한 번 있었지만, 만리삼구 보쌈족발집이 보낸 메일 제목이다. 이곳도 다른 가게와 그렇게 다른 건 없었다. 매장 구조도 별로였고, 사장 표정도 좋지 못했다. 장사가 안 되다 보면 아무래도 자존감도 낮아지기 때문에 얼굴에서 티가 난다.

가격표부터 고객 상차림까지 손봐야 할 곳이 너무

많았다. 도대체 고객에게 줘야 할 것들을 왜 안 주냐고 이야기했더니 "잊어버려서 뺐다"라고 이야기하는 바람에 시작하자마자 한참을 혼냈었다.

밝지 못한 표정, 장사하기에 적합하지 않은 매장 구조, 메뉴판 등 불길한 예감이 한두 개가 아니었다. 주방에 들어서면서 당연히 주방도 더러울 것으로 생각했는데, 막상 주방은 생각보다 깨끗했다. 심지어 옆에서 김치를 직접 담그고 있었다. 그 모습을 보자마자 어느 정도의 장인 정신이 느껴졌다. 주방만 들어가 봐도 얼마나 신경 쓰는지 한 번에 알 수 있다.

족발은 다행히도 맛있었다. 아니 맛있는 정도가 아니라 대박이었다. 폐업 절대 하지 말라고 자신 있게 말했던 가게 중의 하나다. 영상이 올라간 뒤로 주문이 많이 늘기 시작했다. 문제는 영상이 나간 후에 늘어난 주문량을 소화하지 못한다는 것이었다. 그 모습을 보고 다시 찾아가 잔소리를 했다.

"네가 팔 수 있는 만큼만 팔아라."

"주문이 4개 이상 들어오면 배달의민족을 내리고,

4개 다 만들 때쯤에 다시 앱을 올려라."

이런 사소한 것뿐만 아니라 직원을 통솔해본 사람이 아니기 때문에 직원을 관리하는 방법과 메뉴 빨리 만드는 방법을 더 많이 알려줬다. 손이 느리고 센스는 없는 편이었지만, 장인 정신은 있는 친구였다. 새벽 6시까지 준비하고, 오전 8시에 오픈한다고 메시지를 보내는 정말 열심히 하는 미친놈이었다.

TIP

도저히 손이 느려서 주문을 소화하지 못한다면 내가 할 수 있는 만큼만 주문을 받아야 한다. 자신이 음식을 빨리 만들지 못하는 사람이라면 얼른 인정하고 대안을 찾아야 한다.

월매출

솔루션 전: 700~800만 원

솔루션 후: 4,500만 원

—辛—

05

밥스틱

'밥스틱'은 찾아갔던 이유가 명확한 가게였다. 친구와 동업하는데 한 명이 배달하고, 한 명이 음식을 만들고 있다고 해서 찾아갔다. 그 모습이 짠해서 찾아갔다. 영상에서 이야기한 적이 있지만 노가다해서 모은 3,000만 원으로 차린 가게였다. 밥스틱이라는 것 자체가 생소하고 원래 트럭에서만 팔았던 음식이다. 내 솔루션만으로는 안 될 수도 있겠다고 생각하고 찾아간 곳인데 생각보다 맛은 좋았다.

그 친구들의 문제는 맛보다는 '방향'이었다. 모든 게 애매했다. 음식을 어떻게 빨리 만들어야 하는지도 모르고, 광고도 계속 이상한 방식을 하고 있었다. 팔로워 수도 적은 자신의 인스타그램 채널에 계속 밥스틱 사진을 올리고 있었다. 자기가 직접 올리는 게 아니라 소비자들이 올려줘야 하는데 말이다. 밥스틱을 인스타그램에 올려주는 고객들에게 이벤트를 하는 식으로 방향을 잡아갔다.

밥스틱의 가장 큰 문제는 시간이었다. 하나 만드는 데 10분에서 12분 걸렸다. 기다리는 고객의 입장에서 그 정도 시간이면 정말 길게 느껴진다. 객단가가 낮기 때문에 빨리빨리 만들어서 팔아야 하는데 시간당 계산해봐도 판매할 수 있는 수량이 많지 않았다.

제일 시간이 오래 걸리는 게 누룽지여서 누룽지를 미리 만드는 방법을 알려줬다. 미리 만든 누룽지를 냉장 보관했다가 한 번 더 익히면 바삭해진다. 조리 과정을 바꾸자마자 하루에 10개 팔았던 친구가 300개도 만들어서 팔 수 있는 수준까지 올라갔다. 중요한 것은 맛이 변하면 안 되기 때문에 냉장 보관하고 누룽지가 하루 이틀 지났을 때 얼마나 변하는지를 체크해야 한다. 누룽지 맛이 떨어지는 시점까지 보관하면 안 된다. 다행히도 밥스틱은 처음 잡아준 그 맛을 시간이 지나도 꾸준히 유지했다.

TIP

근무시간이 남들보다 더 길어야 한다. 밥스틱 같은 경우에는 최소 12~14시간 근무했다. 그것도 몇 달 동안 하루도 쉬지 않고. 누룽지 맛이 변하면 안 되는 것처럼 남들보다 더 일하는 것도 꾸준해야 한다. 잠깐 하고 멈추면 아무런 소용도 없다.

월 매출

솔루션 전: 300만 원

솔루션 후: 1,500만 원

245

— 辛 —

06

치즈 스마일

'치즈 스마일'은 소위 '돈쭐'을 내고 싶어서 찾아간 가게였다. 자기가 힘든 상황에서도 남을 돕는 것을 보고 빽이 갔다. 이 친구는 하루 18시간씩 일하면서도 한 달에 200만 원도 못 버는 상황이었는데, 그런 상황에서도 어려운 사람들에게 기부도 많이 하고 남을 돕는 일이 많았다. 어떤 식으로 가게를 운영하는지도 궁금했고, '착하게 살면 존나게 돌아온다'라는 사실을 직접 보여주고 싶었다.

피자는 맛있었다. 브랜드 피자와 비교해봐도 손색이 없을 정도였다. 만약 맛이 없었다면 매출이 우상향으로 이어지지는 않았을 것이다. 문제는 현실 파악이었다. 상황을 파악하면서 장사를 하는 게 필요해 보였다. 예를 들어 수제 피클을 사용했는데 확실히 맛은 있었다. 하지만 시간 대비 효율성이 떨어지기 때문에 추천하지 않았다.

피자는 원가가 높아서 많이 팔아도 남지 않는다. 옵션을 추가하면서 돈을 버는 품목이다. 전체적으로 가격 조정을 조언했다. 남을 돕는 것은 칭찬받아 마땅한 일이다. 하지만 본인이 먹고살 수 있는 상황에서 남을 도와줬을 때 받는 사람도 두 배로 행복함을 느낄 수 있다.

촬영 후 영상을 유튜브에 올렸는데, 이 사장님은 영상을 보고 멀리서 찾아온 수험생에게는 음식을 공짜로 줬다. 또 함께 먹방을 찍었을 때 너무 잘 먹어서 부업으로 유튜브 먹방을 해보라고 조언했다. 지금은 동네에서 맛집 랭킹 1위다.

이 친구는 같은 업종의 종사자나 함께 일하는 사람들과 서로 상생하면서 살아갈 만큼 마인드가 훌륭하다.

자신보다 남을 위해 사는 친구라서 그만큼 신경을 많이 쓰고 있는데, 앞으로도 계속 도움을 주려고 한다. 현재는 가게 운영뿐만 아니라 유튜브 '개봉동핏짜장인' 채널을 운영하고 있다.

TIP

하루 18시간을 힘들게 일하는 것에 비해 마진이 안 남았다. 장사할 때 필요한 상황 파악과 가격 조정을 알려줬다. 어려운 사람을 돕는 것은 좋지만, 자신에게 여유가 있을 때 남을 돕는 것이 필요하다.

월 매출

솔루션 전: 2,500만 원

솔루션 후: 5,500만 원

나는 장사의 신이다

초판 1쇄 발행 2021년 12월 20일
초판 26쇄 발행 2024년 01월 19일

지은이 은현장
펴낸이 떠오름

기획 손힘찬
편집 권희중
디자인 홍성권
마케팅 고경표, 이민지
영업관리 떠오름

펴낸곳 **주식회사 떠오름**
출판등록 제2021-000002호(2020년 4월 28일)
주소 서울특별시 서초구 강남대로 479, 비1층 122호
전화 070-4036-4586
팩스 02-6305-4923
홈페이지 www.risebooks.co.kr
이메일 tteoreum9@nate.com

값 16,800원
ISBN 979-11-976467-5-1 03320